家庭教育书架

U0605714

孩子，
让我跟你一起成长

胡洪春 编著

好故事讲述好榜样·好榜样引导好家长
好家长教育好孩子·好孩子成就好未来

成都时代出版社
CHENGDU TIMES PRESS

图书在版编目（CIP）数据

孩子，让我跟你一起成长 / 胡洪春编著 .—— 成都：
成都时代出版社，2014.3（2018.5 重印）
ISBN 978-7-5464-1122-4

Ⅰ.①孩… Ⅱ.①胡… Ⅲ.①家庭教育 Ⅳ.① G78

中国版本图书馆 CIP 数据核字 (2014) 第 039580 号

孩子，让我跟你一起成长

HAIZI RANGWO GENNI YIQI CHENGCHANG

胡洪春　编著

出 品 人　石碧川
责任编辑　陈德玉
责任校对　李　航
装帧设计　欧阳永华
责任印制　唐莹莹

出版发行　成都时代出版社
电　　话　（028）86621237（编辑部）
　　　　　（028）86615250（发行部）
网　　址　www.chengdusd.com
印　　刷　北京一鑫印务有限责任公司
规　　格　710mm×1000mm　1/16
印　　张　15.5
字　　数　250 千
版　　次　2014 年 5 月第 1 版
印　　次　2018 年 5 月第 2 次印刷
书　　号　ISBN 978-7-5464-1122-4
定　　价　29.80 元

前　言

　　一百多年前，面对内忧外患的中国，满腔豪情的梁启超挥笔写下了《少年中国说》，其中有云："少年智则国智，少年富则国富，少年强则国强。"即孩子是国家的未来和希望。国家的未来掌握在孩子手中，而孩子的未来则掌握在父母手中。孩子的成长就是在家庭教育、学校教育和社会教育的共同作用下成为人格品德优秀、专业成绩优异的精英人才，成为一个为社会和国家作出杰出贡献的人才。孩子的教育离不开学校，更离不开家庭，家庭教育是一切教育的开端和基础，良好的家庭教育是孩子健康成长的重要保证！

　　本书致力于通过古今中外名人的成长或家教故事，为家长们提供一些家庭教育的成功实例，进一步总结这些故事中规律性的教育启示，并提供一些参考性的教子方法，让家长们有针对性地实施适合自己孩子的家庭教育方法。

　　在人类历史的长河中，每个时代都会有一批杰出的人物，他们似闪亮的点点繁星，以自身的光芒照亮人类历史的浩渺夜空。他们可能是影响社会历史的思想家，可能是叱咤政坛的政治精英，也可能是身家上亿的商界巨贾，或者是风靡全球的演艺明星等。我们把这些人通称为名人。他们是国家的骄傲、时代的骄傲、历史的骄傲，也是人类的骄傲。不过，他们的成功有一个共同的因素——家庭教育。成功的家庭教育帮助这些名人走上了成才之路。本书把与这些名人有关的家庭教育的故事呈现出来，为家长们展现一个个家庭教育的成功范本，一面面教子育子的镜子。我们可以在他们的故事中找到属于自己和孩子的一份告诫和警醒，一份启迪和感悟，一份借鉴和收获。

为了让家长更为清晰、深入地认识这些名人的家庭教育和带给我们的启示，本书以家庭教育中最为重要的五个方面：启蒙、自由、诱导、楷模和交流为章节，把这些成功的家庭教育梳理、归类，通过解读分析，总结出共同的规律，并有针对性地提出参考性的教子方法，力图让家长们都能从中受益。

法国著名哲学家、思想家和教育家爱尔维修说过："人刚生下来都是一样，仅仅由于环境和教育的不同，有人可能成为天才，有人则变成凡夫俗子甚至蠢材。即使再普通的孩子，只要教育方法得当，也会成为不平凡的人。"所以，家庭教育会影响孩子的一生，父母是孩子能否成才的关键。为了孩子，为了国家，每个家长都应该像书中的名人一样探索出适合孩子的家庭教育方式，让孩子发挥其应有的光芒和力量。开卷有益，希望这本书能给每一位家长带来些许帮助，这将是我们最大的欣慰和荣幸！

目 录 —— *CONTENTS*

第二章 给孩子一片自由的天空 \ 45

第三章 因势利导，把孩子带上成功之路 \ 97

第一章
发掘并培养孩子的兴趣

一、当代著名教育家李镇西的育子故事
——家庭教育从孩子出生开始

·▶▶ 点击经典实例

　　凌晨，小生命开始躁动……20 点 10 分，一女婴脱胎而出。身高 0.49 米，体重 3.7 千克……

　　哇——哇——哇——你的声音嘹亮而高亢，悠扬而有力，这是生命的赞歌，你在向世界庄严地宣告：地球，我来了！

　　我想，你漫漫人生从此开始！这个世界将给你些什么，而你又将给这个世界留下些什么呢？

　　我对你当然寄予了许多希望，但最起码的一点是：愿这个世界因为有了你，而又多了一个善良的人！

——1987 年 12 月 1 日

　　1988 年 1 月 2 日：第一次随爸爸妈妈坐公共汽车。

　　1988 年 1 月 23 日：第一次呈现出笑的表情。

　　1988 年 2 月 9 日：第一次有意识地发出"咯咯"的笑声。

　　1988 年 6 月 1 日：第一次独坐。

　　1988 年 7 月：开始长牙。

　　1988 年 7 月 24 日：开始叫"妈妈"。

　　1988 年 8 月 1 日：第一次"手舞足蹈"地跳舞。

1988 年 8 月 30 日：第一次主动舞动小手作"再见"。

……

晴雁在幼儿园咬了蒋孝敏小朋友的手，妈妈问你为啥咬人，你说是她先推你的。不管怎么样你咬人就不对，妈妈让你去认错道歉，你马上就对蒋孝敏说："蒋孝敏，对不起，我咬人不对，请你原谅，我以后改正。"很乖，知道错了，表示要改正，这就是好孩子。

——1991 年 6 月 5 日

妈妈去幼儿园接晴雁时，听郑老师讲了一件事：上星期天，郑老师叫小朋友去洗手，你刚出教室就跌了一跤，爬起来后就使劲拍衣裤上的灰。郑老师看见后过来询问你，你忙对郑老师说："妈妈生病了，还要给我洗衣服！我把灰尘拍干净，妈妈就可以不洗衣服了！"妈妈听了感动得眼泪都快流出来了。我们的雁儿真懂事，知道体贴人。

——1992 年 3 月 23 日

以上摘录的是李镇西的育子日记。李镇西是当代著名教育家，曾获四川省中学语文特级教师和全国优秀语文教师的称号，在与学生的多年接触中他探索了多种成功的儿童教育方法，并将这些方法成功地运用在对自己女儿的成长教育上。为孩子写成长日记便是其中的方法之一，他说这种方法至少有四种意义：第一，是让以后长大了的女儿感受到父母之爱；第二，这也是一种对孩子进行生命教育的最好的素材；第三，记载童心的纯真，让日记成为孩子自我教育的资源；第四，写孩子成长日记的过程，也是父母不断进行教育反思的过程。方法很简单，却能起到重要的教育作用，李镇西正是用女儿的成长记录帮助女儿快乐地成长、顺利地成才的。

收藏教育启示

　　这只是李镇西诸多对孩子教育方法中的一种，这种最为简单、最易操作的方法却是许多父母没有做到的。试问，有多少父母能从孩子出生那一刻起记录下孩子成长的点点滴滴？又有多少父母能一直坚持记录下孩子成长的每一个瞬间？当李镇西第一次为女儿写日记时，一个细心、用心、充满爱的家庭教育便从孩子出生的那一刻开始了。若干年后当孩子看到这一本本厚厚的日记时，会为父母的爱而感动，会从日记中读懂父母对自己的期待和希望，会成为自我教育最好的资源。

　　家庭，是孩子的第一个课堂；家长，是子女的第一任老师。父母把所有的爱和呵护给予孩子是父母的使命，因为孩子是父母最大的财富，当孩子在快乐健康地成长的时候，父母也在收获着幸福。李镇西在他的《做最好的家长》一书中写道："我回眸女儿成长足迹的时候，也看到我由一个不会做父亲的小伙子成长为一个还算受女儿认可的好父亲的经历。女儿在学习我，我也在学习女儿；我在教育女儿，女儿也在教育我；我在培养女儿，女儿也在培养我；我在成就女儿，女儿也在成就我；我让女儿成了好女儿，女儿让我成了好父亲。我们都在共同地完成着一门永无止境的功课：学会做人。我们还将继续互相学习，互相教育，互相培养，互相成就。我给了女儿以生命，女儿则延续着我的青春，然后我们的生命和青春在成长的过程中交织在一起，燃烧。"不知作为家长的我们，是否也和孩子一起燃烧过生命和青春？

▣ 分享教子妙招

第一，记录孩子成长的方法有很多种，比如收藏孩子婴儿时剪下来的毛发，录下孩子的第一声啼哭，用相机或者摄像机记录孩子成长中的快乐时刻，等等。这些散发着孩子最初生命气息的东西，以后都是非常宝贵的教育资源。孩子将从中感受到爸爸妈妈对自己倾注的情感，在父母爱的呵护中健康快乐地成长。

第二，孩子的成长只有一次，一旦错过了孩子的成长过程和最佳教育阶段，就不可能回头再来补救。父母只有珍惜这唯一的一次机会，才不会给孩子的人生和自己的人生留下遗憾。每天观察孩子的成长，结合孩子不同的表现，思考相应的教育问题，不断完善自己的教育观念和方法，陪着孩子一同学习成长。这才是最好的家长应该给孩子最好的教育。

二、著名主持人杨澜的教子经验
——成长比成功重要

⋯➤➤ 点击经典实例

　　杨澜是我国著名节目主持人和制片人，是阳光媒体投资股份有限公司董事局主席，另外她还是全国政协委员。从节目主持人到企业家，从公益慈善大使到政协委员，杨澜一直给我们留下了一个知性、智慧的女性形象，其实除了光芒耀眼的公众人物之外，她还是一个智慧而称职的妈妈。杨澜有一个儿子和一个女儿，在养育孩子成长过程中，她绝对称得上是一个好妈妈。

　　1996 年，杨澜在美国生下一个儿子；2000 年，杨澜在上海又喜得一个女儿，她终于圆了想要"美国儿子中国女儿"的妈妈梦。作为一个知名人士，杨澜工作非常忙，每天就像一个"空中飞人"，全国全世界到处飞，但儿子一岁半时的一次经历让她从一个成功的女人转变成一个成功的妈妈。那是儿子出生之后杨澜的第一次长时间的出差，其实时间才五天。离开儿子五天后回到家时，杨澜发现儿子见到自己并没有特别高兴，而是一脸委屈。憋了半天后，儿子终于哭出了声，这时杨澜也禁不住流下了眼泪。这一幕深深地定格在了杨澜的心里，她意识到孩子在幼小期不能离开妈妈，如果不注意的话，带来的损失是以后永远无法弥补的。于是，杨澜抛下了所有的工作，在家里做了整整一年的"全职妈妈"。

　　在两个孩子的成长过程中，杨澜十分重视孩子的自由和快乐。她从来没有给孩子安排家教或者补习班，甚至不要求孩子在班里的学习成绩一定要拔尖，无所谓孩子的成绩排名。在给儿子起名字的时候，杨澜夫妇曾开玩笑地说，就叫"吴（无）所谓"好了。杨澜曾经希望给两个孩子一点艺术熏陶，于是就让他们学习弹钢琴，结果儿子和女儿的情况大相径庭。儿子学了不到一年就打起了退堂鼓，而女儿却是非常喜欢，每天都要求多弹多练。从此以后，杨澜更加注意不随便把自己的意愿强加给孩子，而是注重孩子自己的选择，根据每个孩子自己的爱好，支持他们做自己喜欢的事情。因此，孩子喜欢做什么，杨澜总是和孩子们一起做，她经常陪孩子们玩拼图、打闹、看电影、一起看动画片等。有一次陪女儿一起滑冰时，杨澜不小心摔坏了尾椎骨，但养好了伤便再次奔向了运动场……有了杨澜这样出色的好妈妈，才有了她的两个出色的好孩子。

在杨澜看来，一个智慧的妈妈应该善于观察和发掘孩子的兴趣和潜力，帮助孩子在成长过程中打好每一步基础，而不是随波逐流，别人怎么做自己也跟着怎么做，那样不但会给孩子带来压力和痛苦，还会扼杀了孩子的兴趣和才能。父母应该给孩子一个充满爱的自由的成长环境，让孩子在这个环境中快乐地成长，孩子的成长比成功更重要。

收藏教育启示

　　"成长比成功重要"，这句话在孩子的家庭教育中可以说是一句至理名言。在中国现在的家庭教育和学校教育中，很多父母和老师往往只看重孩子的学习成绩，为了能让自己的孩子比别人强、能上重点学校，让孩子参加各种辅导班，把孩子忙得整天团团转，孩子真正的兴趣爱好和特长是什么，家长们却没有关心过，也不知道。在这样的家庭教育中，孩子很难得到成长中的快乐，而一个不能快乐成长的孩子在多大程度上能成才，我们不禁会打上一个问号。

杨澜是一个成功的女性，她的成功不仅仅是我们在媒体上所见到的光鲜亮丽，还有她在家庭中对孩子的教育。她让我们看到了一个豁达、开朗，而又充满智慧的母亲，她与众不同的教育理念，值得每一位父母深思和学习。

充满智慧的好父母应该是：不会对孩子太过苛求，而是会让孩子在一个松紧适度的环境中快乐地成长；不会把自己的意愿强加给孩子，或者看别人怎么教育孩子自己也跟着做，而是会让孩子顺其天性与爱好，自由发展；不会只追求孩子的学习成绩，要求孩子做什么都要第一，而是教会孩子更多做事和做人的道理，让孩子的身心都能健康地发展；不会忙于追求各种名和利，认为只要给孩子最优裕的生活就是对孩子最大的爱，而是会把孩子放在自己人生的第一位，做孩子最称职的父母，做好孩子人生的第一任老师，帮助孩子走好人生的每一步。这应该就是杨澜作为一位母亲带给我们的教子启示。

分享教子妙招

第一，善于发现孩子的兴趣。这就要求父母要做一个有心人，在日常生活中仔细观察孩子的各种习惯，发现孩子的某个兴趣时，要及时培养并将这些兴趣转化为孩子的爱好和特长，比如孩子喜欢玩水、爱拆装一些玩具、喜欢小昆虫等。小时候爱制作小板凳的爱因斯坦最后不是成了伟大的科学家吗？

第二，调整自己的教育观念，尊重孩子自己的选择。在孩子面前，千万不要认为自己必须是有绝对权威的家长，而应该做孩子的朋友，做到自己跟孩子是平等的。只有调整好自己的心态，才能真正倾听孩子的心声，尊重孩子的选择。

　　第三，指导孩子对自己的兴趣负责。孩子在成长的过程中会对许多新鲜的事物产生兴趣，发现并培养他们的兴趣爱好时，还应该教育孩子要对自己的兴趣负责，不能做什么事都"三天打鱼，两天晒网"。只有持之以恒，锲而不舍，兴趣才能转化为天赋，天赋才能转化为成功。

三、鞠萍姐姐的教子魔法
——做好孩子的每一步成长教育

➤➤➤ 点击经典实例

鞠萍，中央电视台著名儿童节目主持人，她以纯真、甜美的形象和自然、活泼的主持风格深受全国亿万小朋友和家长的喜爱，被大家亲切地称为"鞠萍姐姐"。1993年的大年三十，这个春节成了鞠萍永远忘不了的特殊日子，儿子在这一天来到了这个世界。儿子出生后，鞠萍和丈夫为儿子取名叫蒋翼遥，希望孩子能够带着父母的希望展开翅膀飞向遥远的未来。

从《七巧板》到《大风车》，鞠萍主持的一直都是少儿节目，所以她自己一直认为很了解孩子，但当自己有了孩子之后才发现，"姐姐"和妈妈还是有很大区别的，一切还要从头开始。为了做好一个好妈妈，从儿子满月开始，鞠萍就为他记录成长的"足迹"，在记录的过程中学习如何做好孩子在成长中的教育。在与孩子相处中，鞠萍认为他们母子之间是"好哥们儿"。虽然在这种亲切、随和的关系中，鞠萍给儿子充分的自由，当然该严的时候必须严格起来，比如她要求儿子生活中一定要自立、自强、勤俭节约。翼遥从小喜爱吃甜食，每次去麦当劳都要吃冰激凌，一次吃完冰激凌后却把外面的蛋筒扔掉了，鞠萍看见后就说："既然你吃不完，以后就不能买这个！"小翼遥以为妈妈只是随口说说，也没放在心上。一个星期后，当他又要买冰激凌的时候，却被妈妈拒绝了。翼遥把爸爸搬出来也没用，鞠萍还是不同意，并且说："你做错了一件事情，就必须做好另外一件事情

10

来抵消才行。"后来，小翼遥打扫了半个月的厨房卫生才弥补了自己的错误，重新获得了继续吃冰激凌的权利，当然，以后他再也不扔冰激凌外边的蛋筒了。

每个做家长的都想望子成龙，鞠萍也不例外，就像她给儿子起的名字——翼遥，希望儿子能飞得更高，更远。但她没让儿子去上任何钢琴、外语之类的培训班，因为她知道，如果孩子没有兴趣，再好的老师也没有用。并不是所有的孩子长大了之后都能成为名人、科学家等大人物，孩子在成长过程中只要做好自己就行了。一次，翼遥的一个老师问同学们长大后想干什么，大家争先恐后地说想当市长，做企业家、科学家、明星之类，可翼遥却说自己将来想当一名司机。大家听了之后都笑他，他却不知道自己有什么错，回家后他把这件事跟妈妈说了。鞠萍听了之后却很高兴，跟儿子说："一个班里那么多同学能出几个大科学家、大作家？你想做的不是最好的，但却是最踏实最棒的。"

鞠萍常跟儿子说："不管你想做什么，如果你觉得是对的而且不会伤害别人，只要你能做好，就去做。"孩子的每一步成长都是人生中的一个关键点，父母能做的就是让孩子自己去发现每一个关键点，帮助孩子走好关键点的每一步。当儿子做好一件事的时候，鞠萍就让孩子认为自己做得很棒；而孩子做得不是很好的时候，她会对儿子说："你做得不错，不过如果我是你，我会做得更好。"然后再把原因解释给孩子听。这些看似简单的做法和话语就是"鞠萍姐姐"的教子魔法。

收藏教育启示

"自以为是"是很多父母在教育孩子时的一大误区，走出了这个误区，会帮助孩子走向一个好的未来；如果深陷这个误区，对孩子的教育可能会走上歧途，对孩子和父母本身都会带来不同程度的伤害。现在的父母大部分都接受过良好的教育，认为自己的学识足以用来教育孩子；还有些人认为自己在社会上闯荡了好多年，在财富、地位等方面都已是成功人士，所以自己懂得人生道理比孩子多多了。这些自认为可以教育孩子的"学识"和"人生道理"其实并不一定适合孩子，很多都是父母的一厢情愿，也无益于孩子的成长。

作为多年一直跟孩子打交道的鞠萍，面对儿子时依然做到了放弃固有观念，一切从头开始。正是这种虚心学习、不顾步自封、不自以为是的教育态度，才使得鞠萍和孩子之间建立起亲密无间的关系，而这种亲密无间的关系帮助她对儿子的教育更加科学、合理，帮助儿子走好人生中的每一步。当然，获得幸福的不仅仅是她的儿子，还有鞠萍自己。她曾经说，她只给了儿子生命，儿子却给了她整个幸福的世界。父母和孩子之间不就应该这样吗？

分享教子妙招

第一，学会表扬、赞赏孩子。表扬要具体，赞赏要有据。不要泛泛的表扬和赞赏，要让孩子知道具体好在哪儿了，还有什么可以改进的地方，这就是表扬的技巧。孩子都爱听表扬的话，适当的表扬会增加孩子的自信心，激发孩子的创造力。但只有合理有据的表扬，才会发挥应有的作用，而不会导致孩子养成骄傲、听不进半点批评的坏习惯。所以，父母的表扬一定要具体，当然更要实事求是。

第二，适当地反省自己。父母在孩子成长的漫长过程中，不免都会犯下一些教育上的错误，要不时地反省，思考一些方式是否适合孩子，发现错误及时纠正，不要一错到底。鞠萍曾经也"自以为是"，但后来她教育的成功是因为她发现"一切从头开始"。其实，父母和孩子一样，在陪同孩子一同成长的过程中，也会犯错误，知错就改，才是"好父母"。

12

四、李开复对孩子的教育
——及时培养孩子的积极性

➤➤➤ 点击经典实例

李开复是 Google 全球副总裁兼中国区总裁，是当代社会精英人才中的精英。在商业界，李开复有自己的成功之道，而在对孩子的教育方面，他也有自己的教子之道。李开复有两个女儿，他教育孩子并不受中国传统教育观的影响，不以教出乖乖听话的孩子为目标，"积极"而"自律"的孩子才是他作为一个父亲的愿望。

李开复说，教育孩子有很多需要重视的原则，如果让他只挑其中一条的话，他选择的是培养孩子的积极性。只要有了积极性，孩子的智慧、快乐和自信等就能轻而易举地掌握了。在社会上打拼多年并登上成功顶峰的李开复深知如今的世界需要什么样的人才，那些消极被动只知道听话做事的孩子进入社会后往往会不知所措，会习惯性地需要别人告诉他们该怎么做，这些孩子往往只能跟着别人走，而最大的成功只属于走在最前面的人；而一个有积极性的孩子，在学习、工作的时候会主动地设计自己的发展，寻找成功的机遇，他们有很强的创造力，而这正是社会所需要的人才。李开复的大女儿对文学比较感兴趣，喜欢写些爱情小说或者诗歌，他便鼓励女儿大胆写作，还想方设法帮助修改、出版等；而小女儿比较顽皮，喜欢拍一些好笑的照片，录一些好玩的视频，有时还自己写起自传来，李开复并不制止，而是时常担当女儿的助手，女儿年龄小不会打字，他还帮助打字。无论女儿们的作品怎么样，他都是鼓励夸奖，让孩子积极去做自己喜欢的事情。大女儿曾经比较害羞，上课时不敢问问题，即便是自己没听懂也不敢发问。李开复就跟女儿制定了一个目标：如果她每天举一次手，能坚持一个月就有奖励。女儿做到之后他又增加了举手的次数，并且要求除了发问之外还要参加课堂讨论，当然奖励也随之增加。一年后，老师跟他说，大女儿对课堂发言有了很大的信心，经常提问发言。

除了培养孩子的积极性之外，就是要教会孩子要"自律"，培养自律而非他律的孩子。为此，李开复给女儿们制定了一些规矩，在规矩内孩子可以有完全的自由，但违背了就要受到相应的惩罚。但是制定规矩时一定要把道理讲清楚，即为什么要设立规矩，违背了又为什么是错误的，让孩子不是盲目地服从。如果规矩设定得像监狱的规章制度，只说"不准如何"又不告诉孩子原因，孩子错了也只有惩罚，那么孩子的听话就变成了一种他律性的，而非自律性的，甚至还会造成孩子的叛逆。虽然要设立规矩，但李开复家中的规矩也就是三四个。孩子小的时候可能需要这些规矩，而随着孩子的长大，父母要给孩子足够的信任，规矩便越来越少。孩子的自律性养成之后，就不需要任何的规矩了。他经常给孩子们讲 Google 的创办人布尔和佩吉的故事，当记者问两人的成功应该归功于哪个学校时，他们的答案并不是著名的斯坦福大学，而是蒙特梭利小学。因为在这所小学的环境里，他们学会了"自己的事，自己负责，自己解决"。李开复为孩子们营造的便是一个这样的成长环境，虽然设立了规矩，但让孩子没有机会犯错误，让孩子们知道自己要对自己负责，自己要学会自律。

收藏教育启示

　　我们常说"没有规矩，不成方圆"，孩子的成长需要自由的同时也需要一定的规矩。规矩有助于规范日常行为，让孩子知道什么时候可以做什么，什么时候不应当做什么。但为孩子制定规矩是一门学问，需要家长谨慎行之。李开复给孩子制定合理的规矩，规矩之内有充分的自由，规矩之外有相应的惩罚，在规矩之中培养孩子的自律性。这种利用规矩来教育孩子的方式当然不是唯一的，但他对规矩的诠释和实施方法是值得其他父母借鉴学习的。

　　现在的教育环境中，孩子们身上都承担了很大的压力，所以大家都在呼吁给孩子更多的自由。于是有些人可能认为"规矩"和"自由"会冲突，其实不然。我们常说的孩子教育中的"自由"指的是让孩子有选择权和决定权，在这些权利中让他们明白从小要对自己负责，但这并不等于孩子的成长中不需要规则和标准。孩子的成长过程中很多时候都是无目的、无意识的，很容易随心所欲、恣意妄为，这时候便需要一定的规矩来告诉他们是非对错的界限，告诉他们怎么做才更有利于自身的发展。这也正是要让他们知道要对自己的生命和行为负责任，有了这种责任感或者自律性，他们以后也会自觉地遵守家庭、学校和社会上的各种"规矩"。李开复为孩子制定的规矩正是给了孩子以后在社会大舞台上展翅飞翔最好的翅膀。

分享教子妙招

第一，规矩必要但不要太多，泛滥的规矩会限制孩子的自由。教育孩子需要一定的规矩，但切忌什么事都立下规矩，这样孩子会畏首畏尾，什么事情都不敢做，到头来孩子会失去积极性和自律性。比如孩子喜欢玩电脑，我们其实不用跟他们说"不准"，设立一个不准玩电脑的规矩，完全可以告诉孩子可以玩，但必须把作业做完并且要有时间限制。把一个强制的"否定"变成一个有条件的"肯定"，主动性也将会从父母身上转移到孩子身上。

第二，不要惩罚孩子的失败。孩子在很多时候可能会失败，也可能会违反了设立的规矩，这些都是孩子在成长过程中必不可少的现象。"人非圣贤，孰能无过"，更何况是一个正在成长学习的孩子。失败是提供学习的最好的机会，当孩子失败时，积极的鼓励才会让孩子深刻认识失败的原因，学会如何避免失败。惩罚失败只会挫伤孩子的积极性和创造力，让孩子畏惧失败，这样会使孩子失去自信心，带来的只能是更多的失败。

第三，父母双方的规矩要一致。在教育孩子的问题上，在家里一旦制定了规矩，父母双方要在坚持上达成一致。不能一方因为心软或者心疼孩子而随意更改原则，要不然制定的规矩没有任何意义。一个可以因为某个理由或者庇护而随意违背规矩的孩子，在以后的学校和社会的成长过程中也可能无视规矩的严肃性。这样的规矩教育对孩子的弊大于利。

五、宋丹丹的"家有儿女"

——给孩子上好人生第一课

···▶▶▶ 点击经典实例

　　宋丹丹，我国著名影视女演员、著名的喜剧表演艺术家，被称为中国喜剧届永远的"女一号"。《家有儿女》和《家有儿女2》中，宋丹丹给观众留下了一个可爱可敬而又可笑的老妈形象。现实生活中的宋丹丹的家庭生活跟电视剧颇有几分相似，"家有儿女"中的宋丹丹更是一个称职的好妈妈。

　　宋丹丹的儿子的乳名叫"巴图"，在满语中是"英雄"、"勇士"的意思，这个名字寄寓了父母对儿子深深的期望。一次，宋丹丹带着巴图一起去市场上买菜，路过一个卖书的地摊时，喜欢读画书的小巴图指着一本精装的连环画书理直气壮地说："妈妈，我要这个！"似乎他要什么，妈妈都必须给他买。

　　"不行。"宋丹丹说，"这本书太贵了，妈妈需要考虑。可能得等到妈妈下个月发工资。"她不想让儿子认为自己什么都唾手可得，她要给儿子上好人生第一课。

　　看到妈妈不给自己买，小巴图坐在地上"哇"的一声大哭起来。他跟妈妈耍起赖来。而这是宋丹丹最反感、最不愿意看到的情况，她觉得儿子在跟她较量。于是，宋丹丹没有理睬小巴图，径直向前继续走，并且走的过程中头也没有回。不到30米，小巴图的哭声开始小了，逐渐没了声音。大约走出了50米以后，小巴图便自己跟了过来。

"我要跟你谈谈！"回到家后宋丹丹把巴图叫到书房，关上房门，表情严肃地说。她要给儿子上好这"第一课"。

"妈妈为什么关门？"巴图问道，"妈妈怕别人听见，因为你今天做了一件特别丢脸的事情！"听着宋丹丹的话，巴图的神色有些紧张。

"大人挣钱很不容易，工作特别紧张，挣来的钱要养家，还要做许多事情。你不能想要什么就必须得到，得不到就大哭。街上的人都看着，所有的人都以为你是个不懂事的孩子，因为想要什么不给就坐在地上大哭是最令人讨厌了。而你本来不是这样的孩子，你从来都那么乖，你今天怎么了？"宋丹丹看着儿子的眼睛，"今天你很让我为你伤自尊！"

巴图的眼泪一下涌出了眼眶，宋丹丹走过去帮他擦掉："妈妈知道你已经明白自己错了，妈妈知道你以后再不会这样了，妈妈不会告诉爸爸和爷爷。因为妈妈知道你是个好孩子，你会改。"

巴图哭着扑到妈妈的怀里说："妈妈，我改。"

后来的巴图再也没有任性过，没有因为想要一样东西却得不到而难过流泪，也不会以"自我为中心"而不顾别人的感受，他成了一位真正的"勇士"和"英雄"。

 ## 收藏教育启示

很多人会认为在巴图买书的事情上，宋丹丹有点小题大做，孩子还小，不太懂事，并且孩子想要的是书又不是玩具，直接给他买了不就得了。殊不知"细节决定成败"，研究表明五岁之前的孩子处于性格习惯形成的关键时期，这期间，正好是父母规范孩子的行为习惯，帮助孩子养成良好性格的重要阶段，这也正是我们中国那句俗语"三岁看老"的道理。当你第一次满足了孩子的不合理要求时，他们的不良习惯就开始萌芽、生长，而这些不好的行为习惯一旦形成，再想扭转就不容易了。这正是宋丹丹"小题大做"的原因。

以"自我为中心"就是我们通常所说的"自私"，是许多独生子女身上最容易形成的一种性格习惯。孩子在成长过程中，因为没有兄弟姐妹的相伴，家庭生活中没有与别人之间的忍让、包容和理解，在这种情况下，如果父母又不注意孩子在这方面的教育，自私的性格就极易形成。而父母过度的迁就或者溺爱，孩子就会更加不自觉地加重自我意识，形成以自我为中心的心理定式，遇到事情时光顾自己而不考虑他人的感受。因此，孩子一旦出现这种苗头，父母要及时地教育引导，就像宋丹丹一样，首先让孩子理解父母的感受、身边亲人的感受，让孩子心中学会有他人。只有这样，孩子才能逐渐地学会遇事替他人着想，在以后的工作和学习中才会与人相处、与人合作沟通，这样的孩子才会是大家心中的"英雄"，而不只是"家里的英雄"、"自我的英雄"。

分享教子妙招

第一，注重孩子教育的每一个细节。"行为养成习惯，习惯造就性格"，孩子的每一个日常行为都可能成为人生习惯的一部分，无论是好的还是坏的。现在的孩子大都是独生子女，对于这唯一的一个孩子，许多父母最容易犯的错误就是溺爱，把孩子捧为掌上明珠，在溺爱中忽视了对孩子教育中的细节。于是，这样的父母培养出了完全以自我为中心的"小霸王"。因此，孩子的成长教育来不得半点马虎，每一个行为细节的教育可能都会成为孩子将来成功或失败的关键因素。

第二，教会孩子体谅父母和他人。避免孩子产生"自我中心"心理的第一步就是教会他们体谅父母，因为父母是他们最早、最多接触的人，只有先学会了体谅父母，才能去体谅别人。一个不爱自己父母和亲人的人何谈去爱别人。所以，作为父母也要适当在孩子面前倾诉自己的"苦衷"，让孩子理解为人父母的难处，引导孩子关心和爱自己的父母。要让孩子懂得为自己、为他人付出，不仅仅懂得被爱，还要学会付出爱，懂得被爱和付出爱的孩子才会懂得生活的意义和感到更多的幸福。

第三，鼓励孩子积极参加集体活动。除了家庭生活，学校和社会的集体活动是培养孩子良好习惯的重要地方，在与他人的沟通、交流过程中，他们会逐渐地学会与他人分享、合作，才会远离"自我中心"。孩子长大后是要走入社会、融入社会的，只有懂得如何为人处世，才能在社会上立足，拥有幸福的家庭和成功的事业。

六、名嘴白岩松的教子之道
——给儿子一封人生邮件

··➤➤ 点击经典实例

白岩松是中央电视台著名主持人，曾荣获电视节目主持人"金话筒奖"。作为中国最优秀的新闻节目主持人之一，侃侃而谈的白岩松却以一封人生邮件来教育自己的孩子，他通过那些文字来传递自己寄托在孩子身上的美、理想和崇高而美好的信念。下面就让我们看看这位爱好音乐和写作的主持人都对他的孩子写了什么。

"我的儿子饱餐一顿后，安静地睡着了，那种照看新生儿的奇妙感受充满我心。我知道，在我们彼此的生命历程中将相互温暖与扶持。做了父亲，我不该两手空空迎接他的到来，但孩子那稚嫩的小手还举不起任何可称为礼物的东西，那就让我将祝愿当成礼物，投入生命的信箱，来一个慢件邮递。当他长大的时候，再好奇地拆封吧。

学会宽容

如果所有的美德可以自选，孩子，你就先把宽容挑出来吧。也许平和与安静会很昂贵，不过，拥有宽容，你就可以奢侈地消费它们。宽容能松弛别人，也能抚慰自己，它会让你把爱放在首位，万不得已才动用恨的武器；宽容会使你随和，让你把一些人很看重的事情看得很轻；宽容还会使你不至于失眠，再大的不快、再激烈的冲突，都不会在宽容的心灵里过夜。于是，每个清晨，你都会在希望中醒来。一旦你拥有宽容的美德，你将一生收获笑容。

不争第一

人生不是竞技，不必把撞线当成最大的光荣。当了第一的人也许是脆弱的，众人之上的滋味尝尽，如再有下落，感受的可能就是悲凉，于是，就将永远向前。可在生命的每个阶段，第一的诱惑总在眼前，于是生命会变成劳役。站在第一位置的人不一定是胜者，每一次第一总是一时的风光，却赌不来一世的顺畅。时代的风向总在转变，那些被吹走的名字，总是站在队列的前面。争第一的人，眼睛总是盯着对手，为了得到第一，也许很多不善良的手段都会派上用场。也许，每一个战役，你都赢了，但夜深人静，一个又一个伤口，会让自己触目惊心。何必把争来的第一当成生命的奖杯！我们每一个人，只不过是和自己赛跑的人，在那条长长的人生路上，追求更好强过追求最好。

爱上音乐

在我们的身边，什么都会背叛，可音乐不会。哪怕全世界所有的人都背过身去，音乐依然会和我窃窃私语。我曾问过一位哲人，为什么今天的人们还是需要一两百年前的音乐抚慰？哲人答，人性进化得很慢很慢。于是我知道，无论你向前走多远，那些久远的音符还是会和你的心灵很近。生命之路并不顺畅，坎坷和不快都会出现在你的眼前，但爱上音乐，我便放心。因为一两百年前，那些独对心灵的音乐编织者，早已为你谱下安慰的乐章。在你成长的时代，信息的高速发展将使人们的头脑中独自冥想的空间越来越小。然而，走进音乐的世界里，你会在和音乐的对话中学会独立，学会用自己的感受去激活生命。每当想到，今日在我脑海里回旋的那些乐章，也会在未来与你相伴，我就喜悦，为一种生命与心灵的接力。

其实还有，比如说，来点幽默、健康，有很多真正的朋友……但我想，生命之路自己走过，再多的祝愿都是耳后的叮咛，该有的终将会有，该失去的也终会失去。然而孩子，在父母的目光里，你的每一步都将是我们生命里最好的回忆。很久很久以后，也许你会为你未来的孩子写下祝愿的话语，只是不知，是否和我今日写下的相似？生命中，最重要的是心路历程，所以它和朝代的更迭无关。孩子，当将来你拆开这封今日寄出的邮件时，我还是希望，你能喜悦并接受。"

 ## 收藏教育启示

　　宽容待人是中华民族的传统美德，白岩松把宽容写在了给孩子人生邮件的最前面。宽容即宽大有气量，不计较或不追究，当一个人对别人多了一点宽容，他的生命中便多了一点空间，因此宽容别人，也就是宽容自己。有了宽容的孩子不会"唯我独尊"，不会自私自利，不会孤独痛苦，不会充满怨恨，这样的孩子一生都会比别人拥有更多的快乐幸福。就像白岩松所说，"一生收获笑容"。

　　音乐是一种细腻的艺术，有助于陶冶孩子的性情。研究表明，音乐能够刺激大脑皮层的活动，促进大脑和感觉器官的发育，提高孩子的思维能力和想象力，也能够增强孩子的记忆力，促进智力的发展。据统计，美国国会议员及 500 强企业的高管中，有近九成的人在幼年时都受过音乐教育。因此，音乐对孩子意志的培养和情感的陶冶都有一定的熏陶作用，对孩子进行一定的音乐教育将有助于孩子的成长。这应该就是白岩松要让孩子"爱上音乐"的原因。

分享教子妙招

　　第一，不时给孩子写封邮件未尝不是一种好的教育方式，能手写效果可能会更好些。现在的人们都不太重视写信这种沟通交流方式，其实这种方式最能发挥语言的魅力，同样的话语当通过文字来传达时也许能产生奇特的效果。尤其是当父母和孩子之间的谈话沟通出现问题时，信件是完成沟通、缓和矛盾和完成教育的最好方法。而且这些信件是孩子成长的最好见证，孩子可以作为一生的财富来珍藏。

第二，可以在闲暇时让孩子听一些音乐。当然，给孩子听的音乐要有选择，应该挑一些节奏有序、柔美舒缓的经典音乐或者儿童音乐，有些重金属音乐、节奏感很强的摇滚音乐或者一些庸俗的流行音乐对孩子的害处大于益处，这种音乐还是不让孩子接触为好。挑选好的音乐，营造一个轻松愉快的音乐气氛，孩子的成长也会多一些快乐和健康。

七、鲁迅与周海婴

——既不"捧杀"，也不"棒杀"

·➤➤ 点击经典实例

鲁迅是我国现代著名的文学家、思想家和教育家，他不但是我国现代文学的开创者，留下了中国现代文学史上第一篇白话小说《狂人日记》，而且在他影响深远的700多万字的著作中有十几万字的有关儿童教育的论述，为我国的现代教育做出了重要的贡献。在《狂人日记》结尾那声"救救孩子"的呐喊让一直被传统旧思想忽视的儿童得到了人们的重视，他的《我们现在怎样做父亲》一文更是成为被后人无数次提及的教育孩子的经典，其中写道：

"论到解放子女，本是极平常的事，当然不必有什么讨论。但中国的老年，中了旧习惯旧思想的毒太深了，决定悟不过来。……没有法，便只能先从觉醒的人开手，各自解放了自己的孩子。自己背着因袭的重担，肩住了黑暗的闸门，放他们到宽阔光明的地方去；此后幸福的度日，合理的做人。"

鲁迅特别关心孩子和青年的成长，对于孩子的教育，他指出"捧杀"和"棒杀"是扼杀儿童的两种常见的方式。所谓"捧杀"，就是过分地宠爱、溺爱，或者不顾实际地拔苗助长，使孩子不能够健康地成长，王安石笔下的仲永就是典型的例子。而"棒杀"则是指对孩子的教育方式简单粗暴，不能够喻理于事、循循善诱，往往使孩子产生逆反心理，最后陷入了家长和孩子关系越来越坏的恶性循环，最终给孩子和家长都带来伤害性的后果。这两种教育误区在很多家长身上或多或少的都存在，能够做到既不"捧杀"也不"棒杀"的家长真可谓是合格的好家长，而鲁迅就是这些好家长中的一位。

鲁迅把父亲分为两类，第一类是孩子之父，只会生，不会养；第二类是"人之父"，生了孩子还要想着怎样教育成为一个健全的人。要做好一个"人之父"，对孩子一要理解，二要指导，三要解放。儿子周海婴出世时，鲁迅已经49岁，老来得子，鲁迅对儿子非常疼爱。无论再忙再累，鲁迅都要亲自照顾小海婴的服食眠息，经常把儿子抱在怀里乐得爱不释手。于是，有人说鲁迅对海婴太过溺爱了，为此鲁迅写了一首诗来说明缘由。"无情未必真豪杰，怜子如何不丈夫？知否兴风狂啸者，回眸时看小於菟。"他用老虎对幼子的爱比喻说明英雄豪杰也应该懂得爱子。鲁迅爱儿子，是深情细腻的爱，是大大方方的爱，但绝对不是毫无节制的爱，更不是溺爱。他是把"兄弟之爱易作父子之爱"。

中国的传统旧道德讲究"父为子纲"，那是一种隶属的不平等关系，兄弟之间才有比较平等的爱。鲁迅认为父子之间是相互平等的关系，应该是朋友而不是主奴。现实中的鲁迅便实践着自己的父子观，以平等的态度对待爱子，让儿子无拘无束地生活，无忧无虑地玩乐，自由地舒展发挥自己的天性，真正做到"以幼者弱者为本位"。为了更为生动形象地感受鲁迅对儿子的教育和关爱，我们可以看看以下两段他们之间的对话：

一次，海婴问鲁迅："爸爸，你是谁养大的呢？"

鲁迅回答："是我的爸爸、妈妈养大的。"

海婴继续追问："那你爸爸、妈妈是谁养大的呢？"

鲁迅耐心解答："是爸爸、妈妈的爸爸、妈妈养大的。"

海婴仍然不解地问："爸爸、妈妈的爸爸、妈妈，一直从前，最早的人是哪里来的呢？"

鲁迅想给他讲物种起源的问题，但一想这不是一个五六岁的孩子能够理解的。但鲁迅也没有敷衍孩子，而是耐心地说："等你长大了，读了更多的书，你的老师就会告诉你答案的。"

收藏教育启示

　　鲁迅是近百年中国最伟大的文学家、思想家和教育家，一生之中勇敢地抨击旧社会，反抗旧制度，以一个孤独的战士形象同一切黑暗的势力做斗争。然而，在他有关儿童教育的文章和跟儿子的谈话中，我们看到了英雄豪杰内心深处最柔软的感情——对孩子的爱。爱孩子是父母的天性，即使"一个也不宽恕"的鲁迅也是如此，但爱是平等的爱，不是"仰望向上"的爱，也不是"俯视向下"的爱。伟大的人物像一座高山之巅，我们只能望其项背，但作为一位父亲的鲁迅和天下所有的父母是一样的，他对孩子的教育是我们每个父母都能做得到的。我们无法达到鲁迅在文学和思想上的巨大成就，但我们如果能从他有关儿童教育的思想和做法中获得启发，让这些方法帮助我们的孩子快乐健康地成长，作为父母的我们，应该和鲁迅一样的伟大。

分享教子妙招

　　第一，多抽出时间陪陪孩子。无论你是叱咤风云的商界精英、政坛领袖，还是疲于奔命的工薪阶层、底层民众，作为父母，应该留出足够的时间给孩子。千万不要以"我实在太忙了"来为自己开脱，那只是一个无法被原谅的借口而已。其实，每天陪陪孩子很简单，每天睡觉前抱抱孩子、亲亲孩子，聆听一下孩子一天的故事，或者是睡觉前跟孩子说句"我爱你，晚安"，这些细节都会让孩子感受到父母的爱，孩子才能感到更加幸福、更有安全感。没有时间陪孩子的父母，往往与孩子之间存在隔阂，这种隔阂不但会影响父母和孩子之间的感情，也会造成孩子孤僻、压抑等不良的性格，影响孩子的成长。

第二，不压抑孩子真实的想法。无论孩子提出什么，疑问什么，做家长的要学会认真聆听和解答，而不是认为孩子提出的问题幼稚、无聊或者荒唐而训斥或者搪塞。在与孩子谈话时，要做一位真正的朋友，而不是一位家长。压抑孩子的想法不但会限制孩子个性的发展，还会造成孩子唯唯诺诺的性格，给孩子以后的人生发展带来伤害。

八、牛顿受到的启蒙教育

——鼓励发展好奇心

⋯➡➤➤ 点击经典实例

　　牛顿是世界著名的物理学家、数学家、天文学家和自然哲学家。他的一生中为人类做出了许多伟大的贡献：他创立了微积分，为近代自然科学研究和工程技术的发展提供了有力的数学工具；他提出了光的微粒说，分解了日光，揭示了光色的秘密；他研究总结出了机械运动的三大基本定律，为力学奠定了坚实的基础，并对其他学科的发展产生了深远影响；他发现了万有引力定律，建立了天体力学理论体系，使人类对宇宙的认识大大加深；他写出了《自然哲学的数学原理》，把科学实验方法与哲学思想联系在一起，对物理学及整个自然科学的发展，以及 18 世纪的工业革命、社会经济变革发展等产生了巨大影响。在英国皇家学会进行的一场"谁是科学史上最有影响力的人"的民意调查中，牛顿被认为比爱因斯坦更具影响力。牛顿之所以取得如此巨大的成就，与其小时候所受到的启蒙教育有着重要的关系。

　　少年时的牛顿并不是神童，他资质平常、成绩一般，但他喜欢读书，喜欢看一些介绍各种简单机械模型制作方法的读物，并从中受到启发，而且经常会问一些千奇百怪的问题。而他的父母没有遏止儿子的好奇心，总是耐心回答和积极鼓励。一次，牛顿问母亲："风车为什么会转？"母亲回答说："那是风的力量推动它在转。"牛顿又问："风从哪里来的？"母亲告诉他："你看，水不是从高处往低处流吗？空气也是这样的。有的地方气压高，有的地方气压低。空气一流通，那就是风了。"后来，牛顿就受到母亲给他讲解的空气流通的启发，自己制造了一辆风车。

随着牛顿年龄的增长和他对事物的好奇心的不断增加，他对科学逐渐有了浓厚的兴趣。一天，他拿着自己的一个"小发明"跑到外祖母面前说："姥姥，您看这个，这是太阳钟。"姥姥一看，牛顿手上捧着一块木板，中间钉着钉子，钉子的四周画着一条条的放射线条。这样在太阳光的照射下，钉子的影子会随着时间的不同而映射在不同的线条上，然后根据影子在线条上的不同位置，就可以看出不同的时间了。外祖母惊奇地问："这是谁教你的呀？"牛顿得意地回答："这是我自己想出来的。"善于观察、勤于思考的牛顿在儿童时已经锻炼出了超出常人的创造力。

由于牛顿不断创造出惊人的科学小作品，得到了老师和同学们的纷纷赞扬。于是就有家长请教牛顿的母亲是怎样帮助和教育孩子的，他的母亲回答说："孩子那些层出不穷的问题，看似很怪异，但却蕴藏着极其宝贵的求知欲和探索精神，我们做父母的，只能做助燃剂，不能做水龙头，好奇心是孩子最宝贵的财富。对孩子的问题，不能因为自己不知道而没有耐心，扼杀了孩子的好奇心。相反，我们不仅要耐心回答，而且要力求正确回答，这样，孩子才能不断进步。"

 收藏教育启示

兴趣是最好的老师，而好奇心则是通向科学大门的金钥匙。在儿童阶段，孩子总是对很多事物充满好奇心，会不停地向身边的父母发问，而很多父母往往因为不耐烦而制止了孩子的提问，可能也就扼杀了一位伟大科学家的诞生。像牛顿的母亲那样，正确对待孩子提出的问题，因势利导，才能充分发掘孩子的聪明才智，不断激发孩子的思维能力和创造能力，也只有这样的家庭教育中才能出现因为身边落下一个苹果而发现了万有引力的牛顿。

面对孩子的发问，一定要给出科学正确的解释，千万不要误导孩子。作为父母并不是什么都会懂，但不懂的宁愿不说或者查阅资料后再做解答，也不能给孩子错误的知识。孩子的心灵是一张白纸，涂上什么颜色便是什么颜色，一旦把颜色涂错，就很难擦掉了。因此对待孩子的教育一定要谨慎，尤其是爱发问的孩子。可能对于我们的孩子来说，不是缺乏成为科学家、思想家等伟大人物的智慧，而是缺乏成为伟大人物的家庭教育和成长环境。如果有更多的家长都能像牛顿的父母一样，那么就会有更多的"牛顿"的出现。

📖 分享教子妙招

第一，父母要善于为孩子营造一个思考的氛围。在家庭中，要引导孩子对于未知的事物进行发问，一旦发现孩子有这种习惯和爱问问题的倾向，要积极鼓励，发掘孩子的创新思维能力。家长还可以带着孩子做一些科学发明的小实验，在实验中给孩子讲解科学知识，或者带领孩子去科技馆、博物馆等科教场所，为孩子提供一个思考学习的氛围。聪明的孩子的智慧正是来源于他们的思考力。

第二，做好孩子的倾听者。孩子会经常唠唠叨叨地问个不停，这时作为父母首先应做好一个倾听者，在做好倾听者的基础上鼓励孩子去思考，多启发孩子："你认为是怎么回事啊？"然后再对孩子的回答予以纠正解释，千万不要对孩子渴望回答的提问置之不理或不耐烦。爱提问题是孩子的天性，这种天性中包含着孩子的潜在智慧，循循善诱，孩子就是一个未来的天才；置之不理，随意扼杀孩子的好奇心，孩子就可能成为一个庸才。

九、南希对爱迪生的教育
——不忽视"调皮"孩子的天赋

···➤➤ 点击经典实例

　　爱迪生是一位举世闻名的电学家和发明家，他拥有超过 2000 项发明，包括对世界产生极大影响的留声机、电影摄影机、电话、钨丝灯泡等；他是有史以来最伟大的发明家，一生拥有 1093 项发明专利，被誉为"世界发明大王"，迄今为止，在世界上也没有一个人打破由他所创造的专利数世界纪录。然而，爱迪生小的时候常常被称为"调皮鬼"，甚至是"低能儿"，他之所以能有后来举世闻名的巨大成就，与他的伟大母亲南希是分不开的。

　　1847 年 2 月 11 日，爱迪生诞生在美国俄亥俄州的米兰小市镇，母亲南希是小学教师，爱迪生是南希的第七个儿子，也是最小的儿子。爱迪生从小喜欢观察周围的事物，具有强烈的求知欲望，常常问一些稀奇古怪的问题，家人也好，路上的行人也好，都是他问问题的对象，因此常常惹得别人的讨厌，被人讽刺为"调皮鬼"。作为教师的母亲南希，深知儿童的心理，对于爱迪生提出的各种问题总是耐心细致地给予回答。

　　爱迪生不但好奇爱问，而且遇到什么不懂的事情总想亲自去试一试，一探究竟。有一次，到了吃饭的时候，仍不见爱迪生回来，父母亲很焦急，四下寻找，直到傍晚才在场院边的草棚里发现了他。母亲见他一动不动地趴在放了好些鸡蛋的草堆里，就非常奇怪地问："孩子，你这是干什么？"小爱迪生不慌不忙地回答：

"我在孵小鸡呀！"原来，他看到母鸡会孵小鸡，觉得很奇怪，总想自己也试一试。母亲一听便大笑起来，告诉他，人是孵不出小鸡来的。"为什么母鸡能孵小鸡，我就不能呢？"他还疑惑不解地问。母亲便把人为什么不能孵小鸡的原因讲给他听。

七岁的时候爱迪生去上小学了，可是他只上三个月的课就退学了，因为爱迪生在上课的时候常常提出一些老师认为很奇怪的问题，问得老师也答不上来，老师认为他是一个低能儿童，让他妈妈把他领回了家。于是南希就决定自己来教导爱迪生，就这样爱迪生便开始了他的自学课程。南希除了教儿子阅读历史、文学等人文科学的经典名著外，还让爱迪生阅读大量自然科学的书籍，比如牛顿的著作、电学家法拉第的著作等。南希把大量的精力、时间和金钱都用来支持儿子的各种兴趣，并且在方法上给予具体的指导，经常跟儿子一起做实验。

不过，爱迪生为了在实验中探求真知，也遭遇了不少挫折。一次，爱迪生在火车上做实验，由于他不小心引起了火灾，几乎酿成一场大祸。被列车长知道后，重重地给了他两个耳光，把他赶下了火车，这也造成了爱迪生一生的大部分时期都患有严重的失聪症。面对孩子的无数次的实验失误，南希教育儿子不要蛮干，要从失败中吸取教训，并掌握好正确的实验方法。为了给儿子提供一个良好的实验场所，南希把家中的小阁楼腾出来，专门给爱迪生做实验室。母亲的悉心指导和大力支持，加上爱迪生积极探索、锲而不舍的钻研精神，造就了一个"发明大王"的诞生。

 **收藏教育启示**

　　一个人取得成功的因素有很多，无论这个人是伟人还是凡人，但当我们仔细研究这些因素时会发现，父母是这些因素中最重要的因素。南希是一个伟大的母亲，当别人都在讥笑她的儿子调皮不正常时，她能从中发现儿子非凡的才智；当老师放弃对她儿子的教育时，她能亲自担任起

教育儿子的重任，并且把孩子教育成才，还是一代"天才"；当她儿子看似"不务正业"地进行各种稀奇古怪的实验时，她能给孩子支持、鼓励和指导，发掘出孩子巨大的创造力。可以说，是南希发现了爱迪生的天资，并指导着爱迪生向未知领域不断发起挑战，没有南希这位伟大的母亲就不可能有爱迪生以后的各种发明。

在孩子成长的过程中，入学前的教育往往是由父母来完成的，所以才有"父母是孩子的第一任老师"之说。而入学前的这个阶段的教育是孩子人生中最重要的，也是最容易被很多家长忽视的。两到六岁是孩子学习和接受新鲜事物最快、最重要的阶段，无论别人怎么看孩子，作为父母应该细心发现孩子的每一个优点和兴趣，让孩子萌芽的天赋得以发芽生长，最后成为孩子人生中的闪光点。如果我们都能像南希一样，给予我们的孩子他们最需要的家庭教育，谁又敢说我们的孩子不会成为下一个爱迪生呢？

分享教子妙招

第一，不要轻易对孩子说"笨"字。每个孩子的能力可能会有差别，比如学习能力、动手能力、表达能力等等，但孩子之间的智力并无多大差别，关键是后天的培养和练习。比如孩子的学习速度有奔跑型、步行型和跳跃型，他们在学习新东西的时候掌握的速度会有差别，有的用的时间短，有的用的时间长。而很多人认为用的时间长的孩子就是"笨"，这是一种误解。其实三种类型的孩子如果都能认真学习，他们最后达到成功的结果是一样的，并且奔跑型和跳跃型的孩子往往因为浮躁、骄傲等心理反而不及步行型的孩子取得的成就大。所以不要轻易说孩子"笨"，当你说孩子"笨"的时候，其实"笨"的人正好是说话的父母。

第二，不要和别人的孩子相互比较。把孩子相互比较是父母们常犯的一个大错误，因为当你和别人相比较时，往往是拿自己孩子的缺点和别人孩子的优点相比较，正如把一个学习速度步行型的孩子和一个跳跃型的孩子相比较一样，这样一些父母就误认为自己的孩子不如别人的强。每个孩子都是独一无二、与众不同的，他们身上都有别人无法相比的优点，不要在随意的比较中否定自己孩子的才智，打击孩子的自信心。孩子永远是父母的宝贝，正是当别人把爱迪生当作"调皮鬼"和"低能儿"的时候，南希还一如既往地把爱迪生当作宝贝来教育、来培养，自己的宝贝最终才成为胜过一切人的"发明大王"。

十、不平凡的达·芬奇之父
——开启孩子的天赋

·━▶▶ 点击经典实例

列奥纳多·达·芬奇是意大利文艺复兴时期的著名画家，他创作的《蒙娜丽莎》是世界上最著名、最伟大的肖像画。达·芬奇生于佛罗伦萨郊区的芬奇小镇，因此取名叫芬奇。达·芬奇出生后不久，父母离婚，母亲离开了他，他是在父亲的抚育下成长起来的。达·芬奇之所以能够成为一名世界著名画家，就在于他的父亲及时地发现了他的爱好，并为他发展绘画艺术创造了条件。

孩提时代的达·芬奇聪明伶俐，勤奋好学，兴趣广泛。他歌唱得很好，很早就学会弹琵琶，他的即兴演唱，不论歌词还是曲调，都让人惊叹。他尤其喜爱绘画，五岁时达·芬奇便能凭记忆在沙滩上画出母亲的肖像。他经常独自一人坐在草丛中，用心地观看五彩缤纷的花草树木，饶有兴趣地描绘着那些花瓣和树叶的形状；有时候他喜欢捉住几个小动物，仔细地观看，并且按照小动物的样子进行描绘。开始画得有些四不像，但是，时间久了，他画的那些东西渐渐有了画意，镇上的人们都称他小画家。达·芬奇的家庭是当时佛罗伦萨有名的望族，父亲皮埃罗原本希望达·芬奇像自己一样成为一名律师，可后来发生了一件事情而使皮埃罗改变了想法，决定让小芬奇学画。

有一天，邻近村上一位农民拿着一块木板来到镇上交给了达·芬奇的父亲皮埃罗，说："请你家的小画家在上面画些东西。"皮埃罗当即答应了，但不知是什么原因没有告诉儿子。过了一些天，达·芬奇发现家里有一块木板，就将它刨平，用锯锯成一个盾牌。盾牌做成后，他看到上面什么也没有，不大好看，便想在上面画点画。画什么呢？他想来想去，决定在上面画一下小动物。他捉来好多蜥蜴、刺猬、壁虎、蚂蟥、萤火虫等，把它们统统放在一间谁也出不去的旧屋子里，一边观察，一边思考。几天后，他开始动笔了。他把这些小东西的丑恶特点加以综合和改造，凭借自己丰富的想象力，用了一个月的时间，画成了一个口吐毒焰、浑身冒火的"妖兽"。这妖怪长着火球般的眼睛，张着血盆大口，鼻孔中喷出火焰和毒气，样子十分恐怖。作品完成后，小芬奇请父亲来到他的房间，他把窗遮去一半，将画架竖在光线恰好落在妖怪身上的地方。当皮埃罗刚走进房间时，一眼就看到了这个面目狰狞的怪物，吓得大叫起来。小芬奇则笑着对父亲说："请您拿去吧，这就是它该产生的效果。"皮埃罗从此确信儿子有绘画天赋，决心支持孩子去学习绘画艺术，把孩子培养成为一名画家。

父亲为了使孩子取得名师的指导，1466年，他同儿子一起来到了佛罗伦萨。韦罗基奥是当地一位颇有名气的画家和雕刻家。皮埃罗带着儿子找到了韦罗基奥，向他说明了来意，并将达·芬奇的情况做了介绍。韦罗基奥看达·芬奇既有画画的才能，又有学画的决心，就答应收下这个小徒弟。达·芬奇来到老师家之后，老师韦罗基奥就拿来一个鸡蛋让他画。达·芬奇很快就画了几张，可是老师让他继续画，一连几天都是如此。达·芬奇终于不耐烦了，认为老师小瞧了他，让他画这么简单的鸡蛋。老师看出了他的心思，意味深长地说："这个蛋可不简单，世上没有两个完全相同的蛋，即使是同一个蛋，由于观察角度不同，光线不同，它的形状也不一样啊。"达·芬奇恍然大悟，原来老师是为了培养他观察事物和把握形象的能力呀！从此以后，他废寝忘食地训练绘画基本功，学习各类艺术与科学知识，为他以后在绘画和其他方面取得卓著的成就，打下了坚实的基础。

达·芬奇在韦罗基奥的指导下，通过勤学苦练，终于成为举世闻名的画家，留下了《蒙娜丽莎》、《最后的晚餐》等不朽名作。他的绘画把科学知识和艺术想象有机地结合在一起，使当时绘画的水平发展到了一个新的阶段。

收藏教育启示

　　"子承父业"是很多家长对孩子的期望，尤其是一些在事业上比较成功的家长。许多父母认为在自己有所建树的领域对孩子进行教育辅导比较有信心，可以把自己成功的经验手把手传给孩子，并且孩子可以继承自己创造的巨大财富，让孩子有一个较高的人生起点。而孩子是否真的对父母的事业感兴趣往往是很多家长所忽视的，他们只会把自己的意愿强加给孩子。这样的家庭教育带来的后果只能是孩子既失去了自身的特长，又把继承的父母事业搞得一团糟。达·芬奇的父亲并没有因为自己的意愿——希望儿子成为一名律师，而忽略了达·芬奇真正的才能。反而，父亲及时发现了达·芬奇的绘画天赋，并且带着他拜师学艺，帮助儿子成为一名世界闻名的画家。达·芬奇在自己喜欢的领域所创造的巨大成就远远超过了其父亲，如果达·芬奇真的被父亲强迫去做律师，那世界上只能多了一个平庸、失败的律师，而少了一个天才画家。

　　还有一些家长喜欢把自己平生没有实现的愿望寄托在孩子身上，让孩子帮助实现自己未完成的梦想，这也是一种"强加式"的"子承父愿"。自己想成为明星而没有实现就希望孩子去做明星，自己想成为运动员而没有实现就努力把孩子培养成运动员，自己想成为老师而没有实现就让孩子去当教师等等，孩子对父母的"一厢情愿"有无兴趣、特长等却是这些家长所忽视的。每个孩子都是一个独立的生命个体，是一个新的生命的开始，他们都有自己的兴趣、特长和爱好。尊重孩子自己的兴趣和选择，为他们的成长扫除一切障碍而不是设置障碍，这才是一位好的家长应该做的。只有有了好家长，才能出现好孩子。

分享教子妙招

第一，培养孩子的观察力。敏锐的观察力是发现问题的关键。儿童从小具有强烈的好奇心，具有渴望接触和探究新鲜事物的本能和需要。这种本能与需要是创造性思维形成的基础。在与外界的接触中，孩子会以最本真的视角和轻松的洞察力从外界获得独特的感受，并不断有新的发现。家长在孩子成长过程中应该充分利用孩子周围的事物，培养孩子的观察兴趣，帮助孩子认识学习自然万物，保护孩子的好奇心。比如家长可以经常带孩子走进大自然，在五彩缤纷的自然界帮助孩子调动各种感官，在趣味性的游玩中培养孩子的观察力。

第二，有意识地发展孩子的想象力。爱因斯坦曾说："想象力比知识更重要，因为知识是有限的，而想象力却概括着世界上的一切，并且是知识进化的源泉。"儿童时期是一个人的想象力最为活跃的时期，也是一个人创造性思维形成的关键时期。为了培养和提高孩子的想象力，家长应该经常带孩子参加社会活动，增加孩子的生活经验，让孩子在生活中认识更多的事物形象，为孩子创造性想象力的形成奠定基础；鼓励孩子多多参加文学、音乐、绘画、手工、美术等创造性比较强的艺术活动，让孩子获得更多的知识，丰富想象内容，在活动中锻炼想象力。

十一、父母为达尔文解谜

——及时发展孩子的兴趣

·➤➤ 点击经典实例

查理·达尔文（1809～1882），英国生物学家，进化论的奠基人。他的进化论对生物学具有划时代的意义，在科学上完成了一个伟大的革命，结束了生物学领域中的唯心主义、形而上学的统治时期，对近代生物科学产生了巨大而深远的影响。恩格斯称达尔文的进化论为19世纪自然科学的三大发现之一。

达尔文从小就爱幻想，他热爱大自然，尤其喜欢打猎、采集矿物和动植物标本。他的父母十分重视和爱护儿子的好奇心和想象力，时常利用各种机会培养达尔文对周围事物的兴趣，并且总是千方百计地支持孩子的兴趣和爱好，鼓励他去努力探索。父母的开明、善教正是达尔文成长、成才乃至成功的沃土。

有一次，妈妈带着小达尔文到花园里给树苗培土。他不明白为什么要这样做，妈妈告诉他："泥土是个宝，小树有了泥土才能成长。别小看这泥土，是它长出了青草，喂肥了牛羊，我们才有奶喝，才有肉吃；是它长出了麦子和棉花，我们才有饭吃，才有衣穿。泥土太宝贵了。"

妈妈的介绍，激起了小达尔文的兴趣，他急忙问道："妈妈，泥土能不能长出小狗来？"

"不能！"妈妈笑着摇摇头，又和蔼地对他说，"小狗不是泥土里长出来的，它是狗妈妈生的，就像人是人妈妈生的一样。"

小达尔文听了妈妈的解答，先是若有所悟似的自言自语："人是人妈妈生的！"接着又问道："我是妈妈生的，妈妈是姥姥生的，对吗？"

"对呀！所有的人都是他妈妈生的。"妈妈认真地回答说。

"那最早的妈妈又是谁生的？"达尔文不解地问。

"是上帝！"妈妈说。

"那上帝是谁生的呢？"他一个劲儿刨根问底。这一问妈妈也没答上来，便因势利导，启发达尔文说："孩子，对于我，对于你爸爸，对于所有人来说，这都还是个谜，妈妈希望你像小树一样快快长大，长大了做一个有出息、有学问的人，自己去找答案！"

也许从那时起，生命从何而来的问题就印在了小达尔文心中，直到他最终自己找到这个秘密的答案。

达尔文曾读过一本名为《世界奇观》的书，书中描述的古代七大奇观，深深地吸引了他。他做梦都想到那遥远的地方去，亲眼看一看古代的奇迹，以及现有的珍贵植物。父亲知道后支持他去探索观察，在他10岁那年，父亲专门陪他到威尔士海岸去度过三周的假期。在那里，达尔文大开眼界，搜集了各种昆虫、贝壳、鸟蛋和矿物；采集了大量海生动物的标本，这事激发了他采集动植物标本的爱好和兴趣，为他后来撰写《物种起源》这一巨著，迈出了第一步。更可贵的是，在家里，父亲总是千方百计地支持他的兴趣爱好，还把花园里的一间小房子交给达尔文和他的哥哥，让他们能够在那里自由地做实验、自由地读书，以便得到更好的发展。

达尔文的祖父和父亲都是当地的名医，父亲也希望他将来能继承祖业，16岁那年，父亲便把他和哥哥一起送进了爱丁堡大学学习医学。而达尔文对医学毫无兴趣，只读了两年，就转学进了剑桥大学基督学院。但他没有沿着神学的道路走下去，而是继续研究动植物学，和几个志同道合的青年经常去潮水退落的沙滩上捡取动物，有时候一起进行解剖。对此，善解人意的父母没有给他过多的干预。

在剑桥大学就读期间，达尔文又遇到了著名植物学教授亨斯洛，亨斯洛的帮助和指导，使他进一步学会了观察动植物的本领。1831 年，大学毕业的达尔文依然热衷于自然科学研究。这年 12 月，英国政府组织了"贝格尔号"军舰的环球考察，达尔文以"博物学家"的身份，自费搭船，开始了漫长而又艰苦的环球考察活动。历时 5 年的环球航行，达尔文考察了美洲数以万计的动物和植物，并且收集了 17000 多种标本。他于 1859 年出版了《物种起源》这一划时代的著作，在生物科学史上完成了一次革命。

 ## 收藏教育启示

　　对于孩子来说，好奇心是知识的萌芽，想象力是成长的翅膀。诚然，达尔文如此，爱迪生、牛顿、爱因斯坦如此，古今中外的著名科学家、思想家等都是如此。没有达尔文的好奇心和想象力，就没有具有划时代意义的"进化论"；而没有达尔文父母对孩子的理解和支持，也不会有"进化论"的诞生。

　　有人说在孩子的人生成长过程中，妈妈就像空气，包容、滋养着他的生命，而爸爸则像阳光，是一股引他向上，让他拔节、成长的力量。一个家庭就像一方土地，有了饱满灿烂的阳光、新鲜而包容的空气，才会带来充分的阳光雨露，孩子才会像果实一样成长得丰满而茁壮，孩子的天赋才会像花朵一样绽放得灿烂而芬芳。作为父母，给孩子多么富裕的物质生活并不重要，重要的是要给孩子足够的空气和阳光。

分享教子妙招

第一，父母应认真、耐心地回答或讨论孩子提出的任何问题。父母对孩子提出的问题应尽量当场解答，最好运用比喻和拟人化的方法讲解，也可以通过故事的形式来回答。

第二，父母不要轻视或嘲笑孩子提出的问题，应尊重并鼓励孩子多提问题。父母应引导孩子，启发孩子自己去观察，去思考，鼓励孩子自己去寻找问题的答案。

第三，请记得给孩子留一个空间，不要当侦探父母。现在的孩子心智成熟得都比较早，他们需要自己的空间，在这个空间里他可以自由地笑，大声地哭，在这个空间里他们也会有自己的朋友和一定的处事原则……总的说来，在孩子的成长历程中，家长们扮演的都是放风筝的人，线拉在手上，我们如果将线张弛得好，孩子就会飞得更高、更远。

第二章
给孩子一片自由的天空

一、成龙对儿子的教育
——让孩子自由发展

···➤➤ 点击经典实例

　　成龙是家喻户晓的国际功夫电影巨星，在世界各地具有很高声望与影响。当年力捧成龙的香港导演罗维给他取艺名"成龙"，除了"望子成龙"，也希望他能成为像李小龙那样的巨星。而成龙也不负众望，80年代称霸亚洲，90年代后期更是成功打入好莱坞，逐渐在国际影坛上声名鹊起。近些年，成龙的儿子房祖名也逐渐在演艺界崭露头角，凭着自己的勤奋、努力和天赋赢得了赞赏和荣誉，在他身上我们仿佛看到了年轻时成龙的影子。不过，在房祖名的成长过程中作为父亲的成龙可谓费尽苦心，他对房祖名的成长教育就像他的演艺事业一样，经历过坎坷、艰辛和努力之后才最终成功。

　　1982年，与成龙相恋多年的林凤娇生下了儿子房祖名，而此时正是成龙演艺事业的上升期，所以忙于打拼的成龙很少能顾及妻儿，林凤娇只能独自在美国抚养儿子。作为成龙的儿子，房祖名小时候想见上父亲一面都很难。自出生以来，他就跟母亲林凤娇过着"隐形人"的生活，甚至在公开场合也不能叫成龙一声"爸爸"。虽然一家人平时聚少离多，但成龙对儿子的教育却不敢疏忽。成龙虽是国际巨星，但和大多数父母一样望子成龙。关于如何培养儿子，缺乏家庭教育经验的成龙时常没有主心骨，只能一切随着感觉走。

　　在房祖名很小的时候，成龙有一次看到电视里一个小孩跳芭蕾舞获了国际大奖，他马上让林凤娇给儿子联系芭蕾舞学校，送儿子去学芭蕾舞。尽管房祖名一百个不情愿，但哪敢违抗老爸的旨意，他只好眼泪汪汪地被妈妈送进了芭蕾舞学校。由于不喜欢芭蕾舞，房祖名很不"配合"，而且还常常耍一些小心眼儿让老师讨厌自己：不是转圈时故意摔跤，就是压腿时跌坐在地，偶尔还耍点小苦肉计，或者故意装病。就这样练了两年，终于有一天，芭蕾舞老师遗憾地通知林凤娇："还是别折磨孩子了，带他去学他感兴趣的技艺吧！"老师的话终于将可怜的房祖名从水深火热中解救了出来，他的目的达到了。

虽然不跳芭蕾舞了，但房祖名并未得到"解放"，成龙一直遗憾于自己从小没有得到过良好的教育，希望这个遗憾能够在儿子身上得到弥补，所以"霸道"的爸爸又不容分说让他学弹钢琴。父命难违，房祖名只得又被妈妈牵着进了钢琴老师家。不久，他"故技重演"——别人弹琴，他就趴在钢琴上睡觉。如此"孺子不可教"，老师又下大赦令。房祖名又如愿以偿地离开了钢琴老师的家。

面对"不学无术"的儿子，成龙"恨铁不成钢"，他坚持认为，孩子多学点东西总没有坏处，但他没想到，这种"一厢情愿"的强迫教育不但收效甚微，而且还会让孩子产生逆反心理。之后，他又逼儿子学过唱歌，还跟他学过功夫，但每次都被房祖名成功地"胜利大逃亡"。儿子学什么都"一事无成"，成龙发愁地对着林凤娇唉声叹气："我这个儿子，什么都学不会，将来能做什么呢？"

其实，房祖名自己非常喜欢音乐，他把所有精力都用在音乐学习上，希望将来在音乐上有所成就。成龙见儿子继续"不务正业"，不按自己的想法成长，心里又气又急。他跟林凤娇商量，给儿子换一个新的生活学习环境，决定把儿子送回大陆。成龙希望儿子在那里耳濡目染好好读书，最后考一所好大学，成为他所期望的高级白领。

在极不情愿的情况下，房祖名被成龙送到大陆，住在成龙的一位朋友家里。朋友生怕房祖名出什么意外，整天把他关在屋子里，还派专人照顾他的生活。一天，房祖名透过窗子看到湛蓝的天空。鸽哨响起时，他看到从树梢骄傲飞过的鸽子，不由得泪如雨下。他是个热情的青春少年，本有着自由的心和狂放的灵魂，现在却被困在小小的房间里，成了笼中之鸟，连窗外的鸽子都不如。感触之下，房祖名埋头写了一首歌《人工墙》：

四面人工墙／不让我的躯体和灵魂自由地飞翔／想去的地方／也只能透过人工墙的窗远远张望……墙外鲜花怒放／我却闻不到丝毫的芬芳……我不希望我的梦想只能这样／凭空想象／我不希望我的眼眶总是看到／呵护的铁窗／我不怕跌倒我不怕受伤／我不要特权我只求平凡／我要自由我想自由……自由地飞翔……

成龙到大陆看望儿子时，房祖名倔强地扭着头，对他不理不睬。朋友把房祖名写的这首歌拿给他看。成龙没有想到，在他眼里一向文弱而又听话的儿子，竟能写出如此热情奔放的歌。想起自己当年不顾一切独闯江湖的少年勇气，他隐约理解了儿子内心的渴望。

在一次访谈中，成龙曾忧伤地说："为了避免儿子受到伤害，我过去一直保护他，担心他被绑架，不准他去这里，不准他去那里，整天把他关在屋内。他于是作了一首歌，他在歌里说，第一道墙是我，第二道是他妈妈，第三道是老师，第四道是他身边所有的人。歌词说，所有的人都需要自由。他说，他要出去闻一下花香，但不知要走多远，不知那墙有多厚。他说他知道当他跌倒时，我们会在他身体下面放个软垫，但是，他哭求：'爸爸，让我跌下去吧！'"

这首文情并茂的歌，让成龙读后泪流满脸。他于是对妻子说道："我们保护得太过分了，该让他出去闯闯！"于是他对房祖名说："祖名，你真的想唱歌？真的想进娱乐圈？好吧，这是你自己选择的路，悲欢成败，全靠你自己打拼。我要事先告诉你，我不会帮你的，你也不要打着成龙儿子的招牌混。"

房祖名高兴地跳起来说："爸，您放心，我只唱给朋友们听，我绝不会跟大家说您是我爸爸的！"

虽然成龙说得绝情，但房祖名丝毫不觉得父亲绝情，因为看着父亲自豪而去的背影，房祖名读懂了父亲内心的期待！

　　房祖名没有让成龙失望，他通过勤奋刻苦的努力证明了自己，不但在音乐上取得了一定的成就，在演艺界中也打拼下了自己的一席之地。在没有成龙帮助的前提下，房祖名自己接拍了电影《早熟》、《男儿本色》、《战·鼓》等影片，并且凭借《太阳照常升起》中饰演的角色提名入围威尼斯电影节最佳男主角奖。在房祖名身上，人们似乎看到了成龙当年的影子。

 收藏教育启示

　　作为一个国际巨星，我们看到了成龙身上的各种光环和荣誉，但作为一个孩子的父亲，他对儿子的成长教育最初却是处处碰壁并且总是以失败告终。但在与儿子的"斗争"过程中，他渐渐明白了怎样去做一个合格的父亲。之前他以自己的意愿为孩子设计各种成长道路，其实都是以"爱"的名义而给孩子穿上的厚厚的铠甲。成龙希望房祖名能够在这身铠甲的保护下在成长的道路上一帆风顺，并且能够取得各种战果，最终驰骋于人生的各种舞台。殊不知这身铠甲根本就不适合孩子，反而成了他们成长中沉重的负担，甚至把他们压得喘不过气来。就像房祖名所写的那首歌，成龙对他的"爱"成了一道"人工墙"，把他牢牢地困在了里面，阻碍了躯体和灵魂的自由飞翔。于是，成龙果断地帮房祖名卸掉了铠甲，拆掉了围墙，让孩子自由地发展，这才是一位合格的父亲。对孩子的爱是父母在教育孩子过程中必须付出的，但要让爱成为孩子自由飞翔的翅膀，而不是成为阻碍孩子成长的一道道"人工墙"。

分享教子妙招

第一，在孩子成长的过程中，父母不能越俎代庖。孩子的路让孩子自己选择，父母应该做的是引领和指导，帮助孩子选择正确的人生道路。选择权在孩子手中，指导权和修改权在父母手中。孩子可以按自己的兴趣特长选择各种各样的人生道路，由于孩子缺乏人生经验，他们的选择只是出于自己的爱好，所以不免会有错误的、不切实际的或者不适合自己的选择，作为父母的职责便是帮助孩子去除不当的选择，留下最适合孩子也最有利于孩子成长的人生选择。因此，作为父母应该充分了解自己的孩子，在了解孩子的方方面面的基础上，再根据自己的人生阅历和社会经验等帮助孩子做好选择。

第二，学会跟孩子商量，做孩子人生的良师益友。成功的家庭教育，应是家长经常拿出时间与孩子进行平等的对话交流，多听取孩子的想法，肯定和鼓励孩子正确的想法和行为，让孩子在自己选择的事情上充分发挥自己的特长。对于孩子不正确或者不当的想法和选择，为孩子解释原因，帮助孩子避免成长中可能犯下的错误和出现的挫折。

二、亚洲首富李嘉诚的教子之道
——经风雨才能成才

·➤➤ 点击经典实例

李嘉诚，世界华人首富，地产之王。他纵横商海，是一个成功的商人，书写了一个白手起家的商业神话；他悉心教子，也是一位优秀的父亲，他亲手培养的两个儿子——李泽钜、李泽楷，有如双龙飞腾，各自成就了一番伟业。李嘉诚在创业道路上开辟出了一条成功之道，他创造的亿万财富成为无数人奋斗的目标；他在对孩子的教育方面也精心营造了一条适合孩子成长成才的教子之道，把自己创业和处世的成功经验传递给了孩子们，成为正在养育孩子的无数父母学习的榜样。

在很多人眼里，能够出身富贵之家是一个人一生最大的幸运，身为富豪家的孩子生来便可以享受荣华富贵，但在李嘉诚家里，这种幸运却不存在。李嘉诚从来都不娇惯儿子，他坚信，教孩子学会自立自强，学会做人处世，比给他金山银山要强百倍，所以，两个儿子从小就被要求克勤克俭，不求奢华。

李泽钜和李泽楷是李嘉诚的两个儿子，他们虽然出生在大富之家，却很少有机会享受奢华的生活。他们小的时候，李嘉诚很少让他们坐私家车，却常常带他们坐电车、巴士。有一次，李嘉诚看到在路边摆报摊的小女孩边卖报纸边捧着课本学习，就特意带两个儿子经过这个报摊，让他们学习小女孩认真学习的态度。

李家兄弟在香港圣保罗男女小学上学，在这所顶级名校里，许多孩子都是车接车送，满身名牌，可他们却经常和爸爸一起挤电车上下学。以至两个孩子经常闷闷不乐地问父亲："为什么别的同学都有私家车专程接送，而您却不让家里的司机接送我们呢？"每次听到兄弟俩的质疑，李嘉诚都会笑着解释："在电车、巴士上，你们能见到不同职业、不同阶层的人，能够看到最平凡的生活、最普通的人，那才是真实的生活，真实的社会；而坐在私家车里，你什么都看不到，什么也不会懂得。"于是，两个孩子和普通家庭的孩子一样，在拥挤的电车里一天天长大。那些神色匆忙满身疲倦的成年人、那些和他们一样挤电车的孩子，让他们懂得，真实的生活充满了辛勤和劳累，安逸和奢侈并不是生活的常态。

和学校里那些大手大脚花钱的同学相比，李泽钜和李泽楷甚至怀疑自己的父亲是不是真的像大家说的那样富有。因为小气的爸爸不仅很少给他们零花钱，而且常常鼓励李泽钜和李泽楷勤工俭学，自己挣零用钱。所以李泽钜和李泽楷在很小的时候就开始做杂工、侍应生。李泽楷每个星期日都到高尔夫球场做球童，看着小小的儿子背着大大的皮袋跑来跑去，李嘉诚甚是开心。而当李泽楷告诉他，把挣来的钱拿去资助有困难的孩子时，他更是笑逐颜开。懂得了勤劳和独立、懂得助人即是助己的儿子，是他想要的好儿子。

李嘉诚不只是在思想上为孩子树立勤俭节约的美德，还言传身教，在严格要求儿子们的同时，也时时刻刻严格要求自己。虽然在对社会捐赠方面他始终都是大手笔，但在他的日常生活中，却是十分平淡、克勤克俭、不求奢华。直到今天，他经常戴的依旧是廉价的只值26美元的日本手表，穿的仍旧是已经穿了多年的西装，居住的是30前的房子。李嘉诚说："如今我赚钱不是为了我自己，我已不再需要更多钱。"这些话与行为，深深地刻在了李泽钜和李泽楷的心中。

看着儿子们一天天长大，李嘉诚决定送他们出国上学，让他们独立生活。这个决定对于 15 岁的李泽钜和 13 岁的李泽楷来说，未免过于严酷，因为这意味着小哥俩要离开父母，独自面对陌生的环境，自己安排学习和生活了。让孩子们这么早就告别无忧无虑的家庭生活，独自到千里之外的美国加利福尼亚去求学，李嘉诚的确下了狠心，望子成龙的他有自己的想法：让孩子们早一点独立生活，胜过给他们金窝银窝。

到美国的第一夜，李家兄弟俩就被排山倒海的陌生和寂寞弄得手足无措。以前大事小情都依赖父母惯了，现在，父母远在万里之外，什么事情都要自己解决，小哥俩无所适从，更糟糕的是因为语言不通，他们感到举步维艰。这一次，他们才真正体会到，什么叫作独自面对生活。

李嘉诚的妻子对于远方的儿子，自然格外牵挂，特别是接到儿子们声泪俱下的电话时，更是心如刀绞，可是她明白李嘉诚这样做的良苦用心——父母不可能永远守护在孩子身边，只有让他们早一些经受暴风雨的洗礼，才能锻炼他们的意志，培养他们的生存能力，才能让他们在未来之路上经受住风吹雨打。所以，每次儿子们打回来电话哭诉委屈，她都坚定地鼓励他们坚持下去。她和李嘉诚一样，希望儿子们的翅膀能够尽快硬起来，学会自己飞翔。

事实证明，李嘉诚的狠心是正确的。后来，李泽钜和李泽楷都以优异的成绩从美国斯坦福大学毕业。然而当他们想进入父亲的公司施展才华时，父亲却对儿子们说："我的公司不需要你们！"兄弟俩愣住了，说："爸爸，别开玩笑了，您有那么多公司，就不能安排我们工作？"李嘉诚斩钉截铁地说："别说我只有两个儿子，就是有 20 个儿子也能安排工作。但是，我希望你们先去打自己的江山，让实践证明你们有资格到我公司来任职。"

兄弟俩再次离开了香港，来到加拿大，白手起家，一切从零做起。磕磕绊绊之后，终于有所成就，李泽钜成功经营了一家地产开发公司，李泽楷则成了多伦多投资银行最年轻的合伙人。在他们创业过程中，李嘉诚冷酷得不近人情，什么都不管不问，任凭哥儿俩在商海里挣扎拼搏。

在李嘉诚的培养下，两个儿子在独立处理加拿大世界博览会旧址的庞大发展规划，以及策划收购美国哥顿公司"垃圾债券"等一系列大动作中，都表现出惊人的胆识和灵敏的商业头脑，李嘉诚曾自豪地说："即使我不在，凭着他们个人的才干和胆识，都足以各自独立生活，并且养家糊口，撑起家业。"

正是李嘉诚的不管不问成就了儿子自立自强、奋发向上的品格。如今，李泽钜和李泽楷皆已成为举足轻重的商界大腕，李泽钜加入父亲的公司，父子合力打造李家更辉煌的未来，而李泽楷则以90亿的身家成为世人瞩目的商界明星。狠心小气的爸爸李嘉诚终于为亚洲商界培养出了两条巨龙。

作为一个商人，李嘉诚无疑是成功的；而作为一个父亲，李嘉诚依然是成功的。在李泽钜、李泽楷的成长过程中，倾注了李嘉诚大量的心血。李嘉诚在让父爱的光辉时时刻刻抚照着他们的同时，也严格要求他们知书达理、谦虚做人，并拥有一颗仁爱之心，且绝对不允许他们像其他嘴里含着金汤匙出世的"公子阶层"那样目空一切。

不仅如此，在李泽钜、李泽楷的成长过程中，李嘉诚亦注重培养他们的志向，李嘉诚认为："如果子孙是优秀的，他们必定有志气，选择实力去独闯天下。反言之，如果子孙没有出息，享乐，好逸恶劳，存在着依赖心理，动辄搬出家父是某某，子凭父贵，那么留给他们万贯家财只会助长他们贪图享受、骄奢淫逸的恶习，最后不但一无所成，反而成了名副其实的纨绔子弟，甚至还会变成危害社会的蛀虫。如果是这样的话，岂不是害了他们吗？"

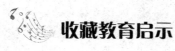

收藏教育启示

对儿子们，李嘉诚是慈爱的，他的慈爱基于任何一个父亲的本性；而对于儿子们的成长与培养，李嘉诚是清醒且绝情的，他的这种清醒与绝情是掩藏于大爱之下的教育思想的深度与深刻，这种深度与深刻尤其让人敬佩。很多家长之所以称不上好家长的原因便是缺乏孩子成长教育中的这种深度与深刻，处于作为父母的爱的本性，家长们都想给孩子一个幸福快乐的成长环境，总想提供给孩子最好的成长条件，但是却忽视了成长过程中"风雨"的重要性。一只鸟儿要想成功飞翔于天空，总要经历数次的跌落。同样，一个孩子要想学会走路，也要经历数次从摔倒到爬起的过程；一个孩子要想成长为成功的人才，也需要在人生路的风雨坎坷中锻炼，克服各种困难坚强意志。

著名教育家陶行知说过："让孩子出自己的力、流自己的汗、吃自己的饭才是英雄汉。"然而，我们不少家长总是"心太软"，对孩子的一切都大包大揽，进行"一条龙"、"全方位"、"系列化"的服务，饭来张口，衣来伸手，白天接送，晚上陪读，如同温室中的花朵，患了"软骨症"，见不了世面，经不了风雨，结果独生子女难以独立。适当让孩子走出温室，去吸收外面的阳光雨露，经历一下外界的风霜雨雪，这样的花朵才更有生命力，才能开出更加灿烂的花朵，结出更为丰硕的果实。

🔳 分享教子妙招

第一，让孩子适当经历挫折。随着生活条件的改善，越来越多的孩子进入"衣来伸手、饭来张口"的行列，他们的父母为他们扫清了成长中的一切障碍，当这些孩子长大离开父母后，一些人成了连生活都不能自理的人。于是，我们看到了一名大学生感冒了还让父母坐飞机来送感冒药，一些人结婚后还要父母来给他们做饭洗衣，一些人在生活中遇到挫折便会出现自杀等极端行为。生活中，人不可能总是春风得意，事事顺利，挫折是每个人都会遇到的，孩子的成长也是一样。挫折是磨炼意志的最好方法，是锻炼能力的最好时机。让孩子经历一些挫折也是对他们的一种爱。

第二，"授之以鱼，不如授之以渔"。这句古老的谚语同样适合孩子的成长，正像李嘉诚所说："留给他们家财万贯不如教给他们成才的方法。"所以，在孩子的家庭教育中，要鼓励孩子去尝试各种挑战，当他们失败时，鼓励他们勇敢面对失败，帮助孩子分析总结经验教训，勇敢地克服失败，战胜挫折。教会孩子做人做事的方法，就相当于给了他们成才的最好保障。

三、比尔·盖茨的成长故事
——自由教育培养出的世界巨富

▶▶▶ 点击经典实例

在当今的计算机行业里，美国哈佛大学的一位教授曾经说过："在计算机学科中成功的几个人里，有一个人，从他在台阶上露面的那天起，你就知道他特别棒，他一定会成功。这个人就是比尔·盖茨。"比尔·盖茨不满18岁便考入了哈佛大学，但一年后却选择离开，去开创他痴迷的计算机事业。20岁那年，比尔·盖茨正式创办微软公司。20年后，他成为全球微软行业的引领者，以超过500亿美元的个人资产成为世界首富，并且在《福布斯》全球亿万富翁排行榜中连续蝉联13年。

比尔·盖茨的成功是个人天赋和家庭教育共同作用的结果，他的父母对他的天赋的发掘、保护和培养，以及给他的成长充分的自由空间，使比尔·盖茨的成长道路畅通无阻，使他的天赋成功转化为人生中的各种财富。

比尔·盖茨的父母十分关心儿子的成长，他们总是不断地努力引导发掘孩子的天赋，并且不断创造适合儿子的天赋发展的外在环境，使比尔·盖茨的聪明才智有用武之地。因此，他们在工作之余总是尽可能地跟孩子待在一起，陪孩子玩各种益智游戏，以此来激发孩子的智力潜能。

小学毕业后，比尔·盖茨的父母十分慎重地考虑了是让儿子上公立中学还是私立中学的问题。母亲虽然是一所有名的公立学校的老师，但西雅图有所环境更加优美、师资力量更加雄厚，纪律也更加严明的私立中学——湖滨中学。由于比尔·盖茨从小在家里自由惯了，平时又不太安分，因此父母觉得私立中学更有利于孩子的发展。于是，征得比尔·盖茨的意见后，父母就将他送进了湖滨中学。然而，进入湖滨中学的比尔·盖茨并未改掉自由、不安分的毛病，并且还痴迷地迷恋上了令他以后倾注毕生精力的计算机。

比尔·盖茨在湖滨中学读书时，常常按自己的兴趣爱好来安排学习时间。自己喜欢的功课就拼命地下功夫，不喜欢的课程不但不用心学习，上课时甚至会睡觉。每到考试时结果可想而知，比尔·盖茨每次拿回家的成绩单总是好的和差的对比悬殊。数学是他最喜欢、最擅长的功课，他的数学天分其他学生无人可及。看到儿子的情况后，父母并没有责备比尔·盖茨，他们知道儿子的潜力，所以也给了儿子很大的自由空间。从此之后，比尔·盖茨把自己大部分的天赋和精力都用在了数学和计算机上面。

中学毕业后，比尔·盖茨考入了哈佛大学，这也正好圆了父母的梦想。因为父母相信，在哈佛大学比尔·盖茨能够接受更好的、更全面的教育，他的天赋才能进一步巩固和发展。然而一年后比尔·盖茨却选择离开哈佛，放弃学业，与别人一起创办计算机公司。受过正规教育的父母一时接受不了儿子的这个选择，他们认为哈佛大学的教育对于比尔·盖茨的成长非常重要，中途放弃会对今后的成长不利。但与儿子多次交谈之后，他们认可了儿子的选择，他们从小不都是给孩子自己选择发展的自由吗？这次比尔·盖茨选择计算机或许就是最适合他人生发展的事业吧。后来证明，他们的支持是正确的，正是他们对比尔·盖茨选择的支持，正是他们给比尔·盖茨自由发展的空间，才产生了一个计算机天才和商业奇才。

收藏教育启示

　　童年的比尔·盖茨在很多家长眼里并不是优秀的孩子，太过"自由"、学习偏科、中途辍学等，但这样一个并不优秀的孩子长大后却驰骋商界，成了全球最富有的人，他的成长教育值得每一位家长深思。我们现在的大多数家长希望的都是孩子生活上听话，学习上成绩均衡。学习成绩偏科的学生在学校和家庭里都会受到相应的批评教育，家长和老师们在批评教育这些学生的偏科时往往忽视了孩子在某一方面的天赋。在当下的教育环境中，考试成绩直接关系着孩子的未来，只有全面发展并且成绩高的学生才能进入好的学校。这种情况下，那些具有某方面"天赋"的学生往往不被家长、老师甚至社会重视。不过，如果我们认真想想，不仅仅有比尔·盖茨这样靠着计算机的天赋而闻名全球的商业奇才，还有数学"天才"陈景润、篮球"天才"姚明、台球"天才"丁俊晖等等，这些人并不是在学习成绩各个方面都优秀的，甚至是学习不好的，但他们都是某个领域的成功人士，都是无数各科学习成绩都很优秀的学生羡慕的对象。其实，我们不是缺乏"天才"的孩子，而是缺乏善于发现孩子"天才"的眼睛和适合孩子"天才"发展的环境。

　　古人云："三百六十行，行行出状元。"我们不能要求每一个孩子都能够学习成绩优秀，考上好大学。其实，现在的教育制度逐渐科学、公正，即便只在某一方面成绩优异，照样可以上好大学，有好前途。那些学科竞赛成绩优异被保送上大学的，或者作文突出而成为作家的，抑或唱歌好听而成为明星的都大有人在。所以，父母在孩子的成长过程中要善于发现孩子的天赋，支持鼓励孩子在自己擅长的领域做到最好，只要孩子是块金子，又能得到父母的打磨，到哪里都会发出耀眼的光芒。

分享教子妙招

第一，自由并不等于完全"放养"，而是有保护地"放养"。在孩子成长过程中，自由是必须要给他们的，但是并不是完全放开，而是在一定前提条件下的自由。尤其是孩子还比较小的时候，对周围的事物缺乏分辨力和判断力，父母必须把一些基本的生存能力和人生原则交给他们。比如，一个基本的人生观：人要为自己负责，每个人的能力有大小，但应该尽力发挥自己的聪明才智，努力达到自己可以达到的目标；一些最基本的生活规则：包括学习习惯、生活作息制度等；一些基本的生存能力：对自己日常生活的管理能力、处理人际关系的能力等。如果孩子在成长过程中已经具备了这样的素质，那么，在他进入少年、青年时代，父母就可以真正地把他们"放归自然"，让他们自由地选择自己的生活方式和生活目标。因为他们已经具有驾驭自己生活的能力。

第二，给孩子一个安定温暖的家庭。家，是心灵的归宿、成长的摇篮，是每个人心中最温暖的港湾。对于幼小的孩子来说，家是最能给他安全感的地方，也是他的各种性格形成的重要场所。温暖和谐的家庭氛围，能使孩子形成乐观阳光的性格，使孩子的身心得到健康的成长。因此，作为父母应该用心去维护自己的家庭，让它安定温暖，无论是对于孩子，还是对于自己，都是非常重要的。

四、数学家陈景润的教子方法
——自由中培养孩子个性

···▶▶▶ 点击经典实例

　　陈景润，中国著名数学家，一篇轰动全中国的报告文学《哥德巴赫猜想》，使得一位数学奇才一夜之间街知巷闻、家喻户晓。他研究哥德巴赫猜想和其他数论问题的成就，至今仍然在世界上遥遥领先，被誉为"哥德巴赫猜想第一人"。陈景润，不仅是数学奇才，在教育孩子方面也有许多独到之处。

　　在别人眼里，陈景润是中国科学院院士，享誉世界的数学家。可在他的独生儿子陈由伟眼里，爸爸只是一个能够容忍他自由"淘气"的人。

　　像所有好动的小男孩一样，孩提时的陈由伟特别淘气，总是拿支笔在家里的墙上到处乱涂乱画。可陈景润从来不生气，认为那是儿子在动脑筋，并且也要妻子不要管他。他说："男孩子嘛，爱想爱动是好事儿。这样的孩子，脑子灵活。"

　　因为陈景润的这番话，陈由伟更来劲了，想怎么玩就怎么玩。家里有个超大的计算器，陈由伟总是好奇地按来按去，觉得非常有意思。每按出来一个数字时，他总是目不转睛地瞧着，心想这东西怎么会认数字？后来他把计算器翻来覆去地折腾不说，还把那些按键一个个"挖"出来，想看看里面究竟有些什么。身为母亲的由昆急得直跺脚，数次想阻止他。可陈景润认为儿子在研究呢，摆摆手不让她管。陈由伟"挖"出来的按键，陈景润再把它们——复位，一脸笑容，非常耐心。

如此一来，陈由伟胆子自然更大了。崭新的玩具，不一会儿就被拆开了。拆开也不要紧，要紧的是装不上了。这样一来，好好的玩具就"报废"了。由昆很心疼，觉得孩子不懂得珍惜，就沉下脸斥责儿子，让他玩时小心一点儿，不要动不动就给弄坏了。陈景润一听，赶紧过来为儿子辩护，说："孩子有好奇心是件好事。他能拆开玩具证明他有求知欲望，能研究问题。当父母的要支持他才对。"

陈景润认为，教育培养孩子，要因人而异，不同环境、不同性格，教育的方式方法也要不同。陈景润还认为对于自己的孩子，最重要的是培养孩子的个性。而个性的培养需要一个自由的成长环境。家庭民主，父子民主，母子民主，使孩子能自由自在地成长，思维方法更具有个性。陈景润认为，孩子有个性才能成才，文艺家、政治家、科学家都是靠个性的发展才获得成功的。每次孩子写作业，陈景润都会问："除了这种方法，还有没有其他的解题方法呢？"儿子说："老师就教了我们这一种解题方法。"陈景润鼓励他："那没关系的。把这种方法写上，再写上其他的方法。"这种拓展思维的方式，对陈由伟启发很大。渐渐地，无论在学习上，还是生活中，陈由伟都会这样来思考问题——除了这种方法，还有其他的方法吗？

儿子上小学后，常常向陈景润谈自己的事，学习、劳动或与同学的往来。陈景润认真听着，然后为孩子当参谋，或表扬或批评纠正。很快，他就获得了孩子的信任，和儿子成了无话不谈的好朋友。陈景润小的时候性格内向，沉默寡言、不善辞令的他在家里和学校都不受欢迎，作家徐迟曾描述他："他成了一个踽踽独行，形单影只，自言自语，孤苦伶仃的畸零人。长空里，一只孤雁。"所以，陈景润一直教育孩子要多与人沟通交流，不要把自己封闭起来。在陈景润的教育影响下，陈由伟变得活泼开朗，善于和同学交流思想，喜欢和同学们一起探讨解题方法。因为头脑灵活，思维敏捷，被同学们称为"小诸葛"。

后来，陈由伟也成为数学领域内的一名研究者。在探索数学研究的道路上，他继承了父亲的衣钵。尽管探索数学未知领域的道路很艰难，但他一直对自己说："要像父亲那样，对数学充满热情和执着，坚持走下去。"

收藏教育启示

　　每个被称为天才的人都有些常人无法企及的超常天赋，但往往会因为太挚爱自己的某些特长而顾此失彼，或在家庭、社会交往等方面有些缺陷。但陈景润不仅仅是一位优秀的数学奇才，更是一位优秀的父亲。他通过家庭教育让孩子避免了自己成长过程中出现的性格缺陷，帮助孩子拥有了更加完美的人生。

　　沟通力是指一个人与他人有效地进行信息交流的能力，它不仅仅是我们通常所理解的一种能说会道的能力，实际上它还包罗了一个人从穿衣打扮到言谈举止等一切行为的能力。一个具有良好沟通能力的人，他可以将自己的知识及能力进行充分发挥，使人际关系更加融洽、和谐，给人留下良好的个人形象。陈景润正是在自己的人生经历中体悟到了沟通力的重要性，因此努力培养孩子的良好沟通力，让孩子成长为一个性格更加完善的人。通过自己的经历和受到的教育，有针对性地帮助孩子避免父母在成长中的不足和缺憾，让孩子真正达到"青出于蓝而胜于蓝"，这应是父母在孩子的成长教育过程中所不可缺少的一课。

分享教子妙招

　　第一，培养孩子的沟通力最重要的两点是：提高理解别人的能力和自己表达的能力。因此鼓励孩子学会聆听别人讲话和倾诉，多多参加学校聚会、班会和演讲比赛等活动，经常跟老师、家长、同学、朋友等交流自己的内心感受，哪怕是痛苦和无奈。只有多讲多练，孩子的沟通表达能力才会提高。作为家长，也应该多为孩子提供一些提高沟通力的机会和环境，比如经常让孩子邀请同学来家里玩，在孩子生日的时候为孩子举办个小型的生日聚会活动等。

第二，培养孩子的集体意识，增强孩子的团队合作能力。集体的力量是无穷的，小到一个公司，大到一个国家，团队合作是当下许多领域能够在激烈的竞争中获胜的法宝。对于孩子来说，培养良好的集体意识，能够学会与人合作，也是具备良好的沟通力的另一种体现，同时也是孩子在以后的人生事业奋斗过程中不断取得成功的重要保障。

五、宋氏三姐妹的成长教育
——自食、自立、自信、自强

·➤➤➤ 点击经典实例

宋霭龄、宋美龄、宋庆龄是中国著名的"宋氏三姐妹"，是 20 世纪中国最显耀的姐妹组合。宋庆龄嫁给了孙中山，成为国母，爱国爱民，万民景仰；宋美龄嫁给蒋介石，权势显赫，呼风唤雨；宋霭龄联姻孔祥熙，善于积财，富甲天下。两位第一夫人，一位政要夫人，她们对 20 世纪的中国有着重要的影响力，在一定程度上影响了中国的历史进程。宋氏三姐妹的成功固然和天分、留学相关，但良好的家庭教育实为更重要的因素，她们所取得的一切成就都与她们的父母密不可分。

宋氏夫妇共养育了六个子女。三个女儿——宋霭龄、宋庆龄和宋美龄在六个子女中最为著名。对于孩子的教育，父亲宋嘉树坚持了三个最基本的思想：一是"不计毁誉，务必古先"；二是男女都一样；三是和孩子们做朋友。

宋嘉树夫妇都是基督教崇尚者，同时，他们也信仰老子的"无为而治"及西方的民主、自由的教育。他们认为传统的"三从四德"是对民主教育的反叛，因此竭力抵制。他们教育孩子要自食、自立、自信、自强，树立男女都一样的平等观，培养他们的社会责任心，对他们采取了民主的开放式的新式教育。

早在长女霭龄还在襁褓之中时，宋嘉树就给女儿买来很多新奇的玩具。每买来一个玩具，他都把玩具放在适当位置，以新奇来吸引孩子，让孩子爬过来，很费力地才能得到。孩子也许因得不到而哭或撒娇，或许因跌倒而不再爬起来。此时，宋嘉树并没有直接去帮助孩子，而是拍手鼓励，直到孩子得到玩具而露出笑容。

当孩子牙牙学语的时侯，宋嘉树常常给他们朗诵赞美诗，声情并茂，给孩子以美感，给孩子以幻想。妈妈倪桂珍则教他们识字绘画，讲解一个又一个精美的圣经故事。这些超常的智力启蒙，使他们受益终生。大方的言谈举止、活泼的天性、宗教的信仰、音乐的风范，都在后来的三姐妹身上淋漓尽致地体现出来。

二女儿庆龄的七岁生日来临时，宋嘉树和妻子暗暗商定，要送庆龄一个有意义的礼物。为此，倪桂珍花了一夜工夫，凭着她描龙绣凤的本领，做了一个花书包。宋嘉树看了道："礼物不能俗套，要富有成效有新意，何不绣上几句新语，给孩子以启示。"于是，倪桂珍又花了半天工夫绣上了"天高任鸟飞，海阔任鱼游"。第二天，当宋嘉树把这两句话送给庆龄时，她高兴地读了一遍又一遍，她说这是 7 年来爸爸妈妈送给她的最好的生日礼物，她要把这两句话抄在记事本上，记在心里。看着庆龄如此珍惜这份礼物，倪桂珍明白了：送孩子礼物，不光是满足她物质上的要求，还要注意她精神的需要和人生的满足。

宋霭龄和宋美龄天资聪颖，大胆泼辣，在她们只有 5 岁时，宋嘉树就送她们到寄宿学校中西女塾读书。宋庆龄与姐姐和妹妹一样聪明，却不像姐妹那样大胆泼辣，锋芒毕露。7 岁时，父亲也送她到中西女塾读书。宋霭龄 13 岁时，宋嘉树夫妇把她孤身一人送到美国求学，使宋霭龄成为中国近代史上最早赴美国接受高等教育的女子之一。

宋霭龄极富音乐和表演方面的才华，宋氏夫妇便努力做大女儿表演的最佳"搭档"。在傍晚时分，常常是由宋夫人熟练而凝神地弹奏钢琴；几个兄弟姐妹围在一起，听宋嘉树和大女儿的男女声二重唱。静听着父亲那纯美洪亮的嗓音，随着琴声唱出的美国南方民歌，宋霭龄、宋庆龄和弟妹们从心底升腾起对父母的崇拜、敬仰和热爱。

宋庆龄生性稳重、腼腆，和姐妹兄弟们在一起时，她总是最文静的一个。不过宋嘉树为孩子们营造的生活环境和气氛，也使小庆龄于天性之外受到补益。有一次，姐妹兄弟玩"拉黄包车"的游戏。宋霭龄装作黄包车夫，宋庆龄扮成乘客，小妹小弟跟在身后又蹦又跳。正玩得开心时，不料"车夫"拉车用力过猛，双手失去控制，一下把"乘客"抛了出去。"车夫"愣在那里傻了眼，知道自己闯了祸；"乘客"又疼痛又委屈，满脸不高兴。这件事被宋嘉树知道了，他慈爱地对宋霭龄说："做游戏也要有分寸，'黄包车夫'可不光是使力气呀！伤了乘客还怎么拉生意呢？"小霭龄不好意思地笑了。宋嘉树又笑着对宋庆龄说："我们的'乘客'这样宽宏大量，这样勇敢坚强，真是了不起！"小庆龄受到父亲的夸赞和鼓励，一脸的阴云散去了。后来的宋庆龄真的成为一位既富有爱心和宽容，又敢于面对邪恶势力顽强斗争的伟大女性！

 ## 收藏教育启示

　　宋氏三姐妹成为家喻户晓的中国现代历史上的风云人物，而她们每个人身上所散发出来的不凡的人格魅力均来自她们的成长教育，她们的父母宋嘉树夫妇才是这三位女性之所以成功和伟大的真正塑造者。在孩子成长中给予的充分自由，在自由中观察每个孩子的特性，然后因材施教，宋嘉树夫妇用平凡的家庭教育培养出了影响中国历史的三个女儿，其中的借鉴和启示值得每一位家长思考。

　　家长应当明白，人与人之间是普遍存在着个性差异的。就像古人所说的那样："人心不同，各如其面。"是说人的心理特征是各不相同的，就像人们的面孔，千差万别。面对心理特点的不同，我们无论做什么，都要从实际出发。每个孩子不同的个性特征是培养教育的依据，针对不同的个性特征进行不同的教育，效果才会好，才能达到预期目的。对所有孩子按照一个模式塑造，进行"千篇一律"的教育，效果肯定不会好，弄不好会适得其反。

分享教子妙招

第一，以细致之心观察孩子的发展——不可整齐划一。家庭教育是个因材施教的地方，它尊重个体差异，鼓励孩子的梦想，让他们完成自己独一无二的建树。所以，家长要制定不同的教育计划，在教育孩子的过程中及时发掘孩子身上的"闪光点"，并结合他们的"闪光点"注重因材施教，进而使他们的"闪光点"不断增多，最终让这些"闪光点"汇聚成人生事业中耀眼的成功光环。

第二，不生搬硬套别人的教子模式。孩子和孩子之间是有差距的，每个孩子都有自己的长处和短处，孩子的接受能力也有差异，家长要摸索出适合自己孩子的教育方式，不能照搬别人的教子模式。家长只有根据孩子自身的特点和实际情况，采取恰当的教育方式，才会使孩子不断进步。如果盲目听信别人对孩子的教育经验，生搬硬套别人的教育方式，往往不会达到同样的教育效果。

六、罗斯福的家庭教育
——我不是总统，只是父亲

··━━▶▶ 点击经典实例

罗斯福是美国历史上杰出的总统之一，是唯一连任四届的美国总统。他不仅治国有略，而且教子有方，四个儿子在二战时均浴血战火，功勋卓著，。二战后又都跻身于美国政坛。

"对儿子，我不是总统，只是父亲。"罗斯福的这句话曾在美国人心中产生过不小的震撼，这也正是他一贯遵循的教子原则。

罗斯福十分注重培养孩子们的独立人格，甚至在思想上也应该是独立的。当二战愈加激烈时，二儿子埃利奥特问父亲自己该怎么办。父亲说："要我告诉你该怎么做，那你应该首先认清我是一个怎样的父亲。你们的事是你们自己的事，我从不干预。"不久埃利奥特便放弃刚开起的公司，轻松地走进了陆军部的大门，在四兄弟中带头参了军，走向了"二战"的战场。

不仅如此，罗斯福还竭力反对孩子们过分依赖父母过寄生生活。他不给儿子们任何资助，让他们凭自己的能力去开辟事业，赚自己该赚的那份钱。在钱财的支配上，绝不让孩子放任自流。一次，20岁的大儿子詹姆斯独自去欧洲旅行。回家之前看到一匹好马，便用手中的余款买下了这匹马，然后打电报给父亲，想让汇些旅费来。父亲回一个电话："你和你的马游泳回来吧！"碰了这个钉子，詹姆斯不得不卖掉马，买了票回家，从此他懂得了不能随便无计划地乱花钱。

而更让世人为之钦佩的是罗斯福身为总统，却从不庇荫孩子，让孩子们享有特权。他的子女跟普通的孩子没有什么差别，想要得到什么必须靠自己的努力去奋斗争取。二战时，他把四个儿子都送上了前线，并严正告诫他们：拿出良心来，为美国而战！在罗斯福严格的教育之下，四个孩子才成长为不凡的人才，都创造了骄人的业绩。

 收藏教育启示

有教育家指出："在家里，要从小就把孩子当作独立的社会人来养育。这样培育出来的孩子中，走上社会便能够成为独立的社会人，并且有'后生可畏'的劲头。"罗斯福的儿子虽然没有像他们的父亲一样闻名世界，但在父亲的教育下也算是"后生可畏"了。

作为一个独立的个体，自己应该是最了解自己，自己也最知道自己最适合做什么，这是一个众所周知的道理。但是，现在的许多孩子在父母的过于疼爱之下，一切事情都交给了父母，自己不再考虑自己的事情。这样的孩子，连自己的事情都不关心，也不会处理，更别指望着他们会为父母、为他人着想了。当孩子失去了应有的责任感，他便不能独立于社会，不能在社会上独立地发展了。那么，这样的孩子很有可能就成了一辈子的"啃老族"，成为社会上的"寄生虫"。因此，培养孩子的独立性是家庭教育中对孩子负责、对自己负责、对社会负责的基本要求。

在日本，流行着一句教育孩子的名言：除了阳光和空气是大自然赋予的，其他一切都要通过劳动获得。所以，父母要教育孩子不要总是坐享其成，凡事都要靠自己，只有靠自己解决各种问题才会成为成长道路上宝贵的经验。并且，让孩子自己独立做事情还可以锻炼孩子多方面的能力，让他对自己充满信心，即使收获的是失败的教训，也将是成长道路上的一笔财富，会在他未来人生的道路上发挥重要的作用。

分享教子妙招

　　第一，让孩子学着自己独立做一件事情，比如做一次家务事、一个科学小实验等。有很多时候，孩子都会希望做某些尝试，尽管父母也许早已知道孩子如果真的去做将会遇到许多困难，甚至早已知道他不一定会成功。但是，父母依然要给孩子一个尝试的机会，一个锻炼孩子独立性的机会。当孩子遇到挫折的时候，父母一定要鼓励孩子再试一次。要告诉孩子，困难在所难免，但只有不怕劳苦、不惧逆境，将来长大了才会更加坚强，才能拥有更多的成功。

　　第二，帮助孩子树立勤俭节约的意识。通过给孩子讲解古今中外有关勤俭节约的故事，告诉孩子勤俭节约是人类共有的美德之一，尤其是现在地球资源问题日益严峻，更应该从小树立节约意识。树立勤俭节约意识不仅仅是为了省钱、节约能源，更是为了从每个人自我做起，培养良好的社会风尚，为人类的未来做出应有的贡献。

七、易中天教女
——"一等爸爸"的家教故事

·━➤➤ 点击经典实例

中国人大概没有不望子成龙、望女成凤的了。就连"学术超男"、"学者明星"厦门大学博导易中天也不列外。他戏谑自己是"一等爸爸二等教授"。既然敢称一等爸爸，当然也就有"一等"的教育方法了。

1978 年，女儿出生不久后易中天从新疆建设兵团直接考取了武汉大学文学硕士。求学期间，妻子经常从千里之外来信抱怨女儿海贝不爱写字，只喜欢听故事。视女儿为掌上明珠的易中天，虽然急在心里，但每次仍然苦口婆心地劝导妻子："既然贝贝不喜欢写字，只爱听故事，那就顺其自然，多讲些故事给她听吧。"识字不多、老实善良的妻子心里不免犯起嘀咕：人家都是哄着逼着子女学习，自己夫君怎么这样"不负责任"，由着女儿性子？于是，妻子动不动就写信责问老公为啥对女儿放任自流。易中天总是复函解释："无为而治是大治。你就顺其自然吧，对教育我比你懂。"次数多了，妻子自然也就相信了家中的高材生，按照女儿的愿望进行恰当的教育。

其实，易中天对女儿不喜欢写字，内心也时常闪现出一丝半缕的隐忧。但他深知，强扭的瓜不甜，如果硬逼着女儿写字，从开始便使她厌学，那就更糟糕了。一天，易中天看到妻子信中说"女儿想爸爸"，突发奇想，决定采取与女儿直接通信的办法来试着改掉她不爱写字的坏毛病。女儿识字很少，开始父女间通信的内容只有"贝贝想您"、"爸爸也想你"之类的几个字。后来，为了能够跟爸爸进行更多更深入的交流，女儿整天想着认字、写字，不知不觉中养成了爱学习的好习惯。

由于易中天总是用平等的身份、商量的口吻与女儿对话，他与女儿逐渐成了忘年交，成了无话不谈的"好朋友"。刚上高三，女儿就请"朋友"老爸对其前途进行科学设计，易中天却不干了，说："虽然我是博导，但你仍然必须学会自己选择。"女儿便说："那您就给点指导意见吧？""好，我的意见是'四项基本原则'和'三维坐标系'：兴趣原则，你选的专业应该是你最感兴趣的；优势原则，你选的专业必须最能体现你的优势；创造原则，这个专业毕业以后从事的工作要具有创造性，而不是简单的重复劳动；利益原则，这个专业必须有着良好的发展前途，最好能够赚钱。'三维坐标系'就是X轴——城市，Y轴——学校，Z轴——专业。按照这个坐标系，加上'四项基本原则'，结合你可能得的考分，找一个最佳结合点便行了。"几天后，女儿经过仔细分析认真选择，将自己立志于成为一名优秀设计师的梦想告诉了老爸，并说："烦您老人家抽空帮我对有关学校实地考察考察，我再做具体决定。"易中天爽朗地答道："遵命！"

为了帮女儿更好地选择这个最佳结合点，易中天花了近一年的时间把女儿考虑范围内的北京、上海、广州、南京等地近百所高校跑了个遍，并实地拍摄了这些学校教室、宿舍、食堂、学生等音像资料，还列出了这些学校近年来在福建省招生的排行榜。资料整理好后，他交给了女儿，便不管不问任其选择了。最终，易海贝选择并考取了同济大学。由于一切都是依照自己的意愿，她在大学期间如鱼得水，年年获得一等奖学金，毕业时还被评为上海市优秀毕业生。

生活中，我们多少父母因为望子成龙、望女成凤心切而自作主张强迫子女学这学那，由于违背了子女的意愿和能力，结果却事倍功半，甚至适得其反，子女没成龙成凤反成虫。这样的例子不胜枚举。事后，还埋怨子女，殊不知恰恰是因为自己的失误而使孩子终身遗憾。对于教育，顺其自然加因势利导才是最好的。

收藏教育启示

　　大多数的父母都有望子成龙、望女成凤的心态，这是人之常情，尤其看到别人的孩子某方面表现得特别好，就巴望自己的孩子也能像那样，却忘了评估自己的孩子适不适合、做不做得到？当然，也不能急于求成、一蹴而就，否则就会引起负面的效应。易中天能把自己称为"一等爸爸"，就是自信于自己张弛有度的家庭教育吧。

　　当一个人来到世界上，从无知到有知，从对各种事物的陌生到熟悉，都离不开家庭教育，对幼儿而言，父母是他们生活环境的全部。因此，父母在孩子生命的最初阶段，给予幼儿的爱及行为上的示范和指导，对幼儿身心发展影响之大，实在难以想象。古人主张既要慈爱，也要教育，"只慈不教"就会导致"慈母败子"。因此，我们强调用理智的爱去爱孩子，不要偏激。幼儿好比一株株小树苗，家长好像是园丁，而家庭就像个大花园。在这个花园里，我们应该让小树苗自然成长。家长只要从旁协助，有如园丁浇花锄草。另外，孩子的发展是循序渐进，一步一步来，不能抢先，更不能省略某一步，就像盖房子一样，扎实的基础，才能造出坚固高大的房子。父母所能做的就是陪着孩子一起成长，在适当的时机给他帮助和加油，让他得到应有的发展。

分享教子妙招

　　第一，告诫孩子：最适合自己的才是最好的。每个孩子都会有自己的梦想，他们都会设想自己的道路和未来。所以，父母要与孩子多一些沟通，尽量了解他内心真正的想法，帮助孩子综合考虑所有的实际情况。父母要让孩子知道，有梦想当然是好事，但还应该切合实际，只有最适合自己的才是最好的。否则，梦想的实现会遇到巨大的困难，甚至最终会以失败告终。

第二，做孩子的好参谋。孩子在成长的过程中会遇到很多岔路口，需要面对很多抉择，这个时候缺乏人生经验的孩子最需要的就是父母的意见。帮助孩子做出每一次正确的人生选择，走好人生的每一步，正是家长的职责和使命，这就需要家长充当起另一个重要的角色——参谋。在孩子的求学、事业、婚姻等人生的重要阶段，父母必须承担起一个好参谋的职责，竭尽家长之所能来帮助孩子。易中天的参谋职责行使得是称职和优秀的，我们每个家长都应该学习易中天为女儿选择大学时的那种付出和贡献。只有家长行使好了参谋的使命，孩子的每一步成长才会更加顺利、成功。

八、梁启超的育子传奇

——你应该自己体察做主

···➤➤➤ 点击经典实例

梁启超是中国近代资产阶级改良派的著名政治活动家、思想家、文学家和学者，戊戌变法、维新运动的领袖之一。梁启超不仅在政治、学术活动等方面取得了巨大成就，在对子女进行的家庭教育方面，他也堪称极其成功者。梁启超将自己的学识和感悟润泽在儿孙身上，言传身教，悉心培养，使长大成人的九个儿女各有自己的成就。九个孩子中有五男四女，个个成才，其中最著名的是三个院士。当 1948 年中国首次设立院士时，梁家的长子梁思成和次子梁思永竟然同时当选。而幼子梁思礼则于 1987 年当选为国际宇航科学院院士，1993 年当选为中国科学院院士。另外六个子女也是各有所成。三子梁思忠，毕业于美国西点军校，曾在爱国将军蔡廷锴的十九路军任炮兵上校，不幸英年早逝，于 25 岁病故。四子梁思达，经济学家，毕业于南开大学经济系。长女梁思顺，中国诗词研究专家，大学教师。二女梁思庄，著名图书馆学家，曾任北京大学图书馆副馆长。三女梁思懿，社会活动家，全国政协委员。幼女梁思宁，新四军女战士，中国共产党党员。一家竟走出了三个院士，这在中国现代史上是绝无仅有的，称得上是中国现代家教的传奇。

梁家满门俊秀，自然与梁启超的言传身教息息相关。梁启超崇拜墨子的人格，自称"任公"。他一直以吃苦耐劳、修身齐家、养性律己，以治国平天下为己任。他始终以百科全书式的大学问大气派，关怀着中华民族的自强自立，并以此影响自己的孩子。他有晚上喝点酒的习惯，喝酒时，他经常给孩子们讲故事，都是以中国古代民族英雄为主的。譬如讲他们家乡新会的南宋忠臣陆秀夫，怎样在竭力御敌失败后投海就义，人民为了纪念他，在新会县沿海崖石上刻了"崖门"两字。这些民族英雄的英勇和气节给了孩子们深刻的印象。应该说多年以后，学贯中西的建筑学家梁思成放弃国外的优越条件，毅然为新中国服务，与父亲的教育有着很大关系。

当孩子们在学业遇到困难时，梁启超总是引导他们解开疙瘩，战胜困难，继续前进，教导他们要"莫问收获，但问耕耘"，要他们"一面不可骄盈自满，一面又不可怯弱自馁，尽自己能力做去，如此则可以无入而不自得，而于社会亦总有多少贡献。我一生学问得力专在此一点，我盼望你们都能应用我这点精神"。他告诫已到美国留学三年的思成："分出点光阴多学些常识，尤其是文学，或人文科学中某些部门，稍为多用点工夫。我怕你因所学太专门之故，把生活也弄成近于单调，太单调的生活，容易厌倦，厌倦即为苦恼，乃至堕落之根源。"他还告诉思成："凡做学问总要'猛火熬'和'慢火炖'……循环交互着用去。在慢火炖的时候才能令所熬的起消化作用……你务要听爹爹苦口良言。"当得知在国外求学的思庄对英文成绩不满意时，梁启超就多次去信安慰："绝不要紧，万不可以此自馁，学问求其在我而已。""庄庄成绩如此，我很满足了。因为你原是提高一年和那些按级递升的洋孩子的竞争，能在37人考到第16，真亏你了。好乖乖，不必着急，只需用相当的努力便好了。"

在孩子成长过程中，梁启超像朋友一样平等对待儿女，尊重他们对生活、专业的选择。他很尊重孩子，非常细致地把握每个孩子的特点，对每个孩子的前途都有周到的考虑和安排，同时又不强求他们一定要按照自己替他们筹划的办。梁思庄进入大学选专业时，梁启超以自己的远见卓识看到将来生物学及信息对社会发展的重要，建议思庄学当时在中国几乎是空白的现代生物学。但思庄当时就读的迈基尔大学生物教授教得不好，她也没爱好，非常苦恼，便与她的姐姐哥哥们诉苦。梁启超听说后，忙写信给思庄："庄庄，听你的哥姐们说你不喜欢生物学，既如此，为何早不与我说？学问最好是因自己性之所近，往往事半功倍。你离开我很久，你的发展方向我不知道。或者我推荐的学科未必适合你，你应自己体察做主，把哥哥姐姐当顾问，不必拘泥爹爹的话。我很怕因为我的话扰乱了你的治学，因此急急给你写信。"后来梁思庄考入了美国闻名的哥伦比亚大学图书馆系，成为中国闻名的图书馆专家。

著名的建筑学家和建筑教育家梁思成对中国古建筑的研究与艺术造诣，也是与父亲分不开的。1925年，梁启超将新出版的"陶本"《营造法式》寄往远在美国学建筑的思成，这是北宋官订的建筑设计并施工的书，是古籍中很少的建筑专业书。思成接到此书如同看"天书"，但他明白父亲的苦心，以坚忍的意志终于看懂了它，这不啻为他打开了中国古建筑的艺术宝藏，从此中国古代建筑的精粹也渗透进了他的血液。梁思成长大成人之后，父亲梁启超还常常悉心"指导"着他的人生事业。梁启超要求思成："非得到各处经历不可！"于是他写信给思成："……我替你们打算，到英国后折往瑞典、挪威一行，因北欧的建筑极有特色，严整有思想……到法国后在马赛上船，腾出时间金钱到土耳其一行，看看回教的建筑与艺术……"其实，梁思成与林徽因的蜜月旅行，是父亲为其安排的一次西方建筑的见习。

正是由于梁启超的良好的家庭教育方法，使他在对子女的教育培养方面大获成功。他的儿女们不负父亲，个个意志坚强，性格开朗，学有专长又多才多艺。梁家儿女满门俊秀，都成为对国家作出杰出贡献的栋梁之材。

收藏教育启示

　　学贯中西、才华出众的梁启超用一封封书信帮助着子女的成长，这种家庭教育方式是很多名人喜欢的教子方法，比如傅雷。不过在信息化飞速发达的今天，人们交流的方式已经从以前的书信发展为电脑、手机等多种媒介，因此，速度相对较慢的书信逐渐被人们冷落、遗忘，也逐渐从家庭教育中隐退。

　　虽然当今的信息时代带给了我们诸多方便，快速便捷的电话、网络为我们节省了时间的同时也提高了工作的效率，但是人与人之间的感情却随着这种便捷而淡薄了。曾几何时，我们收到一封家书时的那种心灵被抚慰的感觉是何等的激动幸福，不过这种感觉现在竟再也找不到了。这种消失的感觉在孩子的家庭教育中也同样存在，我们究竟遗失了什么？这也许是值得每一位父母思考的。

　　现在很多父母都在抱怨跟孩子沟通很难，尤其是双方产生矛盾时。父母常常抱怨："真不知道现在的孩子是怎么想的？""跟他们讲了那么多，怎么就是不明白呢？"而孩子却是抱怨父母很烦，没法交流。当总不能静下心来好好沟通时，书信正好能避免面对面时可能产生的冲突。父母可以心平气和地写下自己的想法和感受，孩子则可以心平气和地"聆听"父母的心声。当认真读完父母那拳拳爱心的信时，孩子也会恍然大悟。并且，这些书信可以永久保存，成为孩子人生道路上永远的财富。

分享教子妙招

第一，书信教育并不仅仅限于最传统的手写书信，当然能做到手写书信最好，不过也可以与时俱进，以信息化时代的"书信"方式跟孩子交流，比如可以是电子邮件，或者是一条短信、微信，还可以是 QQ 留言、微博留言等。通过这种现代化的方式跟父母交流，孩子既感到了乐趣，又可能会很快接受父母的建议。因此，对孩子的成长教育的方法很多，父母应该通过不同的、更易于孩子接受的方式把爱传递到孩子身上。

第二，既有出色的专业成就又多才多艺是最好的人才类型，这也是父母培养子女最想达到的理想结果。梁启超成功地达到了这个结果，培养出了九个优秀的儿女。不过，父母在对孩子的家庭教育中一定要把握好"度"，孩子在自己最喜欢的专业学习之外可以再去学习一些才艺，但父母让孩子不能选择太多而造成压力。一个人的精力毕竟有限，太多的课程学习不但会影响孩子最擅长的专业的学习发展，还会给孩子的身心健康带来伤害。现在的很多家长已经在犯这个错误，孩子一放假便给孩子报各种辅导班，本该快乐成长的孩子被繁重的学习压得喘不过气来，这样可能对孩子的精神和身体都造成一定的伤害。

九、老舍的儿童教育观
——让孩子自由发展其天性

　　老舍（1899～1966）是我国现代著名作家，被称为敬业、杰出、豁达的人民艺术家。老舍一生创作了许多脍炙人口的文学作品，如《四世同堂》、《骆驼祥子》、《茶馆》、《龙须沟》等，至今仍是现代文学的经典之作。

　　老舍先生特别喜欢孩子。对于孩子的成长教育，他有自己的一套儿童教育观和比较超前的教育思想。其子舒乙回忆父亲时说："父亲只要看到被培养成少年老成的小大人、小老头的孩子时，就要落泪，他就感到一种悲哀。他决不给自己的孩子以这样的约束。"

　　一次，小女儿舒立哭哭啼啼地回到家中，拿着60分的数学试卷伤心地哭个不停。父亲老舍知道原委后，依然像平时一样潇洒，笑着安慰女儿道："咳，我还当发生什么大事了，不要紧，60分已经挺高了。再说现在的题越来越难，要是我，我还考不了这么多呢，顶多考20分。"父亲的话，让悲伤的小女儿破涕而笑，同时暗暗下决心，以后一定更加努力学习，不能辜负父亲对自己的理解。

　　在孩子成长过程中，老舍给了孩子们充分的成长自由。孩子们渐渐长大，要报考大学选择专业了。在这关键时刻，老舍只是在一旁听着孩子们热烈地讨论。当孩子们征询父亲意见时，他豁达地笑了笑，说："你们讲的都是外国话，你们该入哪科我一点都听不懂。我上一边去呆着，我不参与意见。"最终，兄妹四人全部选择了理工科。虽然无一人继承老舍的衣钵，他却很释然，对儿女们说："这是你们自己的选择，我很赞成。"

长子舒乙选择了学林业化学，这是一门从木材的下脚料里提炼酒精、酵母的学科。舒乙从当时的苏联写信回来，把他的学习情况告诉父亲。老舍非常高兴，他对自己的老朋友开玩笑说："我的儿子是从木头里炼酒的。你看我们家的家具全都没有了，都让儿子给炼酒了。"有一个周末舒乙带同学回家，聊天时他们说的全是一大堆专有名词、技术术语，老舍虽然听不懂，但总是在一旁默默地听他们谈论，他后来专门写的一篇散文，名叫《可喜的寂寞》，描述的就是这种情形。

老舍先生不仅留下了一部部经典的文学作品，还留下了四条言简意赅、引人深思的《教子章程》：

一、不必非考一百分不可，特别是不必门门一百分。

二、不必非上大学不可。

三、应多玩，不失儿童的天真烂漫。

四、应有一个健壮的体魄。

这四条教子章程即便放在当下社会也能称得上是前卫的家庭教育，半个多世纪前的老舍用他超越时代的儿童教育观教育出了四个出色的儿女，为中国的家庭教育留下了一个独特的经典实例。不过，这种教育模式至今仍是只有极少数父母敢于尝试，个中缘由值得社会中每一个人深思。

 收藏教育启示

老舍先生主张自由地发展儿童的天性，维护他们的天真活泼，满足他们的正当爱好，不要对他们干预太多。但是，当代社会的家长们一定会困惑了，这岂不是放任自流？长此以往，孩子们岂不像脱缰的野马般无法无天，哪能有什么出息？于是，在孩子们还牙牙学语的时候，家长们就开始计划着学钢琴、学画画，学这个、学那个。孩子们捧回百分的考卷马上眉开眼笑，要什么给什么，若像舒立那样考个60分回去，则打骂之声四起。于是，孩子们的书包越来越沉，眼镜越来越厚，一个个小大人、小老头就这样被培养了出来。此时，家长们一定又会困惑了，怎么我家的孩子这么老气横秋呀？

"揠苗助长"与"顺乎天性"，孰优孰劣，相信所有的家长都心知肚明。孩子需要父母的引导，但孩子更需要父母的理解和信任。不妨学学老舍先生，还孩子快乐的童年，给孩子深切的理解。也许这样的教育培养出来的孩子会是更为优秀的人才。

分享教子妙招

第一，学会理解孩子、尊重孩子。家长对孩子的行为选择不要妄加干涉，不要伤害孩子的自尊。如果需要孩子必须遵守的规则，也不要用命令的口气，如"一定要这样"或"不许那样"等，而要以平等的态度，征询孩子的意见，给孩子留出选择的余地。不要太过苛求孩子，学会容忍孩子的一些缺点或者日常表现的不足之处。人无完人，大人们尚且做不到完美，更何况孩子呢！

第二，学会放手。有时候，家长真的需要给孩子留出一份自由成长的空间，让他们在自己选择的路上摸爬滚打，让他们自己去悟做事的方法、尝拼搏的滋味、懂得为自己的选择负责。当然要在必要的时候帮他们一把，让他们陷入迷惘的时候，身边有如师如友的知心家长倾听心声，为他们指点迷津。

十、梅兰芳的教子经验

——尊重孩子就像尊重观众一样

·•➤➤ 点击经典实例

梅兰芳是近代杰出的京昆旦行演员，中国"四大名旦"之首，被称为旦行一代宗师。他 8 岁学艺，11 岁登台，他在刻苦钻研和不断实践中继承并发展了京剧传统艺术，形成风格独具的"梅派"。他的表演艺术很早就蜚声海内外，其表演被推为"世界三大表演体系"之一。（三大表演体系包括苏联的斯坦尼斯拉夫斯基体系、德国的布莱希特体系以及中国以梅兰芳为代表的京剧表演体系。）

梅兰芳从小就失去父母，童年十分凄苦。后来，他跟随老师学京剧，更是冬练三九夏练三伏，很小就没有像许多孩子那样享受父母的呵护和关爱。因此，大伙都说他是苦水里泡大的！后来，梅兰芳经过多年的刻苦努力，终于成为享有国际声望的艺术大师。他有了家庭，也有了孩子。尽管生活好了，可是梅兰芳明白这样的一个道理：疼爱孩子并非体现在生活上的满足和给予，更应在心理和人格上进行塑造，只有这样，孩子才会健康成长。因此，尽管梅兰芳在社会上大名鼎鼎，但是，在家中却是一位和蔼可亲的好父亲。

当时，戏剧界流行子承父业的惯例，也就是孩子从小就像父亲一样学习演戏，长大去当京剧演员。但是，梅兰芳却不这样做，他极力主张父母不能为孩子选定将来的工作，而应充分尊重他们的天性和性格。而且，梅兰芳特别反对当时好多戏剧演员不重视孩子上学读书的陋习，主张首先应让孩子学文化！正是因为梅兰芳有这样的先见之明，因此，在他对孩子的家庭教育中，认为父母对孩子的"溺爱"就是全力地支持孩子到最好和他们最喜欢的学校去学习。并且，梅兰芳还特别注重观察和了解每一个孩子独特的爱好和兴趣，并在此基础上，结合孩子的性格，帮助他们确立今后的生活和工作的方向。

他的长子梅葆琛生性稳重、乐于思考，于是，梅兰芳便为他在理工科方面发展提供条件，后来，梅葆琛果然考上名牌大学的建筑系，日后终于成为有名的建筑师。

二儿子梅绍武伶俐活络、形象思维发达，于是，梅兰芳便于抗战时送他去美国上文学系。今天，梅绍武早已是一位著名翻译家了。

梅兰芳唯一的女儿梅葆玥则沉稳娴静、温婉端庄，于是，梅兰芳便鼓励她大学毕业后当了一名大学老师。不过，女儿后来对京剧产生了兴趣，在梅兰芳的支持下她成为有名的京剧演员，不经意间也算是"女承父业"了。

梅兰芳最钟爱的小儿子梅葆玖自幼心灵手巧，极具艺术家的潜质，加上嗓音和形象俱佳，真是继承梅兰芳创立的"梅派"艺术的最佳传人。但是，即使如此，梅兰芳也并不急于让他少年习艺，而是直到梅葆玖大学毕业，才让他正式随剧团学艺。正因为此，今天，梅葆玖终于成为了极有修养和独特魅力的表演艺术家。

梅兰芳先生善于育子成才，经常有人向他请教培养子女的经验。每当此时，梅兰芳先生总是莞尔一笑，淡淡地说："尊重孩子就像尊重观众一样！"

收藏教育启示

对于一个挚爱京剧、把一生奉献京剧的艺术大师而言，观众在他的生活中是何等重要的地位，从某种意义上讲，观众就是这些演员生命的最重要维系者。梅兰芳用观众和孩子做比喻，道出了他对孩子的成长教育的一种理解。要教育孩子，首先要尊重孩子。孩子最初受人尊重的感觉是从父母那里得到的，当领悟到父母的尊重之后，孩子也会学着尊重父母、尊重别人。这种尊重意识就是在家庭的日常生活中经过多次的训练、教育，不断地强化而逐渐建立起来的。

现在有些年轻父母由于自身受过良好的教育，对孩子的成长需求认识得比较到位，在日常生活中能尊重孩子。但也有相当一部分家长虽说也知道一些尊重孩子的道理，但在实际生活中却做不到。在他们眼里，孩子是自己的私有财产，子女必须一切听从大人的安排。这样的父母往往把孩子置于完全依附家长自己的位置上，没有把他们当成一个独立的个体来对待。一旦孩子的行为与他们的意志相左，或达不到他们的期望与要求，斥骂、棍棒随之而下。对不少家长而言，学会尊重孩子不是一件容易的事，因为它不是一朝一夕想学就成，它应建立在正确认识的基础上，花费百倍心思，万般功夫，真正发自内心的自觉行为。不过只有学会了尊重孩子，父母对孩子的成长教育才会顺利、成功。爱孩子、尊重孩子，使他们从中感受到父母的爱和自身的价值，并由此学会尊重父母、尊重他人，这才是行之有效的教子良方。

分享教子妙招

第一，尊重孩子，就要尊重孩子的基本权利。孩子有话语权，也有沉默的权利。当孩子不愿意谈他的心事时，父母应该尊重孩子，不要强迫他立刻说出来，而应等他自己想说的时候再倾听。父母不要用唠叨去打扰孩子，在一段时间的沉默过后，孩子会主动把感觉说出来，父母不必操之过急。孩子在遭遇到比较大的挫折时，有时会用哭泣的方式来宣泄情感。父母应允许孩子哭泣，切忌要求孩子停止，更不能用打骂等方式来威胁孩子，因为这样做会使孩子把心中的悲伤积累起来，时间一长，会给孩子的心理带来很多的负面影响。

第二，尊重孩子，就要给孩子一定的自由空间。尊重孩子，就要把自由和独立还给孩子，让孩子自主选择自由探索。家长的责任在于引导孩子的行为合乎社会的规范。孩子成长的每一个年龄阶段都有其特有的身心发展特点和生活内容，父母应给他们一定的自由空间，把原本属于他们的权利还给他们。只有这样，孩子身心发展的巨大潜能才能得以挖掘。

第三，尊重孩子，就要遵循孩子成长发展的自然规律。儿童的发展过程是一个自然的进程，无论是孩子的生理还是心理发展，均有其自身发展的内在规律。在教育孩子的过程中，如果违背了孩子发展的自然规律，往往会把事情弄得很糟，这样不仅达不到父母的预期效果，还会影响孩子的正常发展。有专家指出，家庭教育"三分教，七分等"。三分教，是指教诲要适量。说教过多只会让孩子产生逆反心理，适得其反。七分等，是指父母要尊重孩子的天赋秉性、成长步调，对孩子要保有耐心，让孩子去尝试、去体验、去失败、去成功。孩子的成长，需时日和世事的打磨，绝不可能一蹴而就。揠苗助长，只能得不偿失！

十一、海明威的成长教育

——大胆去玩自己的吧

▶▶ 点击经典实例

海明威（1899～1961），美国小说家。1954年度诺贝尔文学奖获得者。他的代表作有《永别了，武器》、《丧钟为谁而鸣》、《老人与海》。他在艺术上简约有力的文体和多种现代派手法的出色运用，在美国文学中曾引起过一场"文学革命"，许多欧美作家都明显受到了他的影响。海明威是在父亲的教育和影响下成为一个闻名于世的人的。

海明威生于乡村医生家庭，从小喜欢钓鱼、打猎、音乐和绘画，曾作为红十字会车队司机参加第一次世界大战，以后长期担任驻欧记者，并曾以记者身份参加第二次世界大战和西班牙内战。这一切都与海明威的父亲有关。

海明威的父亲克拉伦斯·艾德家兹·海明威是一个杰出的医生，也是一个热心的、训练有素的运动员，又是一个专业的研究自然界的人。他尤其热衷于钓鱼和打猎。他的兴趣和爱好对儿子产生了很大的影响，直接影响了儿子的前途和成长。

他的教育方式很有自己的独到之处。他教育小海明威时既严格又灵活，随时根据具体的情况改变自己的教育方式。他们居住在橡树园镇，北部是印第安人居住的密执安湖畔，那儿是一片景色优美而又气候宜人的地区。父亲引起了儿子对于户外活动的爱好。美丽的大自然也使小海明威深深迷恋。夏天，他们居住在密执安北部近彼托斯基湖畔的房子里，海明威医生有时候带他儿子一起出诊，横过华隆湖到奥杰布华族印第安人居住地区，他们经常一起钓鱼和打猎。小孩子的天性都是好动的，对什么事都好奇不已。小海明威就是这样。每当父亲出诊或者出门打猎钓鱼的时候，小海明威总是拉着爸爸的衣服央求着一起去。爸爸每次都答应他的要求，带上他穿越茂密的森林，趟过哗哗的流水，去拜访那些散落的村庄。小海明威大开眼界，眼前的一切对他来说是那么新奇而又有趣，长途跋涉中他的体力和意志都得到了很好的锻炼，也增长了不少见识。

　　渐渐地，小海明威迷恋上跟着父亲去出诊，他彻底成了父亲的小"跟屁虫"。父亲发现后觉得不妙，觉得他事事依赖父母对孩子成长不利，依赖心理会影响一个人的才能的发展。他觉得是培养海明威的独立能力的时候了。于是，在小海明威四岁那年，当他又缠着爸爸带他一起出门时，父亲拒绝了他。小海明威不明白为什么爸爸不再喜欢带他一起出去了。他问爸爸："是我做错什么了吗？"爸爸扶着他的肩膀，非常严肃地说："孩子，你没有做错什么。爸爸只是想让你自己去活动。不要总是跟着我！"然后又补充了一句："这样才会对你有好处！"说完，他给了小海明威一根鱼竿，并鼓励他说："大胆去玩自己的吧！你肯定行！"从此海明威就开始一个人在山林和水边玩耍。后来，等他又长大一些的时候，父亲又给了他一杆猎枪。就这样在父亲的不断指引和鼓励下，小海明威开始了独立的玩耍时光，他很快就迷恋起并且擅长于钓鱼、打猎，以及探险。可以说，父亲培养出的那些爱好伴随了他一生。他独立、喜好探索的性格正是来源于父亲的引导教育，而这些性格也直接影响了海明威的文学创作。

　　海明威的创作总在不断的探索与创新之中，他的作品风格也是独树一帜，有着自己鲜明的特色。这种独立的精神当然得益于他那明智的父亲。正是这种性格和精神让海明威创作了《老人与海》，他把那种不畏艰险的探索精神和不屈不挠的顽强毅力赋予在那位与鲨鱼殊死搏斗的老人身上，创作了这部伟大之作。这部作品使他获得了诺贝尔文学奖，也激励了无数人勇于面对、顽强克服生活中的种种磨难，成为人类文学史上一部难得的经典作品。

 ## 收藏教育启示

　　一个人的性格和习惯往往是在幼年时种下的"根儿"，有些人性格中根深蒂固的依赖性是与父母早年的教育有关。温室里的花朵之所以经不起风雨，是因为成长期有太过舒适的环境和太过严密的保护；躲在巢穴里的鸟儿之所以不能展翅高飞，是因为有父母太多的喂养和缺乏必需的训练。家长如果对孩子包办一切，时时把孩子带在身边，就会让孩子养成依赖心理，失去锻炼的机会和独立发展的空间。将来如何独立生存，如何闯天下？离开了我们，他们是不是跌倒了也不知如何爬起？相比中国的家长而言，欧美的父母大多重视孩子的独立性的培养，他们往往对孩子只是进行指点和引导，鼓励孩子自己去思考、去实践，自己去大自然或者社会中领略知识、增长才干。这样的明智之举很值得中国家长借鉴。面对爱子或爱女，需放手时要勇于放手！我们的家长，应该放开手臂，给孩子体验生活的空间、品味生活的空间，因为，人生并不是只有阳光，没有风雨。

分享教子妙招

　　第一，给孩子真正的自由。给孩子真正的自由就是家长对孩子的支持和理解，家长需从积极的角度看待孩子的选择和因为选择而获得的结果。比如给孩子一些有限定的选择机会，如果孩子选择了，就按照孩子说的做，让孩子感觉到自己的"分量"。有些家长担心把握不好给孩子自由的"度"，容易让孩子自由过了头。其实，自由不自由的关键不在于孩子，而在于家长，当孩子了解了规则，认识到自己的言语行为不仅仅是自己的事也会影响到他人的时候，那么家长便可以采取开放性的方式提问，让孩子做更多的决定了。因为当孩子已经有了自己的规则或价值观，那么不需要给予额外的限制，他也会有自己的分寸。这时候，很多人担心的"度"的问题便不再是问题了。

第二，给孩子一片自己的"空间"。这片"空间"不在于大小，而在于其性质。可以是属于孩子自己的一间小卧室，也可以是家里为孩子营造的一个"孩子角"，配上一个属于他的写字桌。有时候，家长给孩子提供一个带锁的抽屉或小箱子，孩子就会对父母的理解感激不尽。在这片"空间"里，他们有自己的理想和愿望，有自己的思想和独立思考的权利，这些正是他们自身独立性的重要组成部分。

十二、袁隆平的成长教育

——父亲的"望子成农"

·➤➤➤ 点击经典实例

袁隆平，中国杂交水稻育种专家、中国工程院院士。袁隆平先生发明的杂交水稻技术，为世界粮食安全做出了杰出贡献，解决了世界五分之一人口的温饱问题。袁隆平因此被人们尊称为"杂交水稻之父"、"当代神农"。他真的是"神"吗？细察他成长的足迹，我们发现父母对他严格又不失宽松的家庭教育，以及以后对他的选择高度尊重的民主作风，是他成才最主要的原因之一。

袁隆平祖籍江西德安，系钟灵毓秀的庐山脚下一个山清水秀的小县城。

袁隆平 1930 年 9 月 1 日出生，兄弟五人，他排行第二，生肖属马，由于调皮而被称为"调皮的小马驹"。少年时他经常闯祸遭罚，做事又显得笨手笨脚。父母想训练和调动他的积极性，要他帮助拿碗，碗却摔破了；要他拿杯，杯掉到地上。但是父母没有因为他摔坏了东西便停止，相反更频繁地让他参与。他好奇心特强，有什么问题必追根究底，父母往往不厌其烦地给予解答。母亲贤惠善良，酷爱花卉。母亲侍弄花卉的时候，"小马驹"在一旁手忙脚乱地"帮忙"。他爱动脑子，感兴趣的必亲自体验。比如第一次看到荞麦粉，他想弄点尝尝，结果弄得整个成了白粉人；看到木匠钉钉子时嘴衔铁钉，他也拿一个衔在嘴里，不小心一个跟斗，铁钉掉进肚子，送到医院才取出来。袁隆平 7 岁时随父母逃难乘船渡浣江时，被四弟不小心碰了一下掉入江中，幸被船工救起，他下决心一定要学会游泳。到重庆后，去长江边照图例一步步练习分解动作。一个暑假下来，仰泳蛙泳来往自如。后又学自由泳。10 岁时能横渡长江。他还参加比赛，出人意外地游出了"汉口赛区一百米、四百米自由泳第一名"的成绩。他从小就是这样，一旦认定目标，就百折不回地不达目的不罢休。

读中学期间，他好学勤思、成绩优异、志趣高远、爱好广泛、课余博览群书，思维比一般同学敏捷活跃。他喜欢从不同角度思考问题，喜欢提问，琢磨为什么。这种寻根究底的执着在以后的科研中起到了至关重要的作用。多年后，同行们引用学术用语与他开玩笑："袁教授，你有那么多常人没有的优点，是不是远缘杂交造成的？"袁隆平回答："差不多吧，母亲江苏人氏，父亲江西人，个性不同，父亲小聪明多，母亲聪慧善良。"这虽然是说笑戏言，但事实上他确实从父母身上得到了丰厚的给养。

父亲袁兴烈是一位正直爱国的知识分子。当年平汉铁路被日寇占领，他毅然投笔从戎，参加了冯玉祥将军领导的西北军，在抗日烽火中成了上校秘书，抗战胜利后在南京政府中任侨务科长。这给了袁隆平深刻的印象，他有了立志报效祖国的宏愿。他在南京中央大学附属高中部毕业时，父亲希望他考南京名牌大学，学数理化。他却另有打算。他那根深蒂固的忧国爱民、振兴中华的情怀，那种探索自然奥秘的献身热望使他决定学农。开明民主的父母见劝说无效，便尊重他的意愿，长叹一声道："俗话说望子成'龙'，我是望子成'农'了。好在我们袁家先祖世代务农，但愿你这个农民与祖先不同，能超越祖辈，成为新型农民。"他重温少年的梦，考入重庆相辉农学院（1950 年改成西南农学院），主修遗传育种学，奠定了他成为"杂交水稻之父"的人生轨迹。

袁隆平坚信"天下之大事必作于细，天下之难事必作于易"。他以超乎寻常的智慧、坚忍不拔的毅力、严谨的科学态度、扎实的工作作风、乐观向上的情操，"十年磨一剑"，终于在自己的杂交水稻研究领域初见成效。1973 年水稻亩产从 300 公斤提高到 500 公斤，到后来的 600 公斤、800 公斤、900 公斤。他没有停止脚步，一次又一次创造着杂交水稻的产量奇迹。他是一个农夫，播撒智慧，一生的追求就是让所有的人远离饥饿。他在追求自己梦想的道路上一步一个脚印地前进，被广大农民亲切地称为"中国神农"。

收藏教育启示

大多数的家长都是"望子成龙"，渴望孩子将来成为企业家、明星、高官，可袁隆平的父亲却选择了"望子成农"，他尊重孩子的选择，希望孩子将来能在农业上有所成就。事实证明，成为"农"的袁隆平超过了所有的"龙"，在目前的中国，在对人类的贡献方面，没有几个人能与他相比；如果说论财富，袁隆平超过1000亿元的身家，足以让富豪榜上的"大款"们黯然失色。袁隆平的成长之路再次让我们看到了让孩子自由发展其天赋的重要性。

我们常常听到人们谈论天赋、运气、智力、环境对一个人的成功是如何的重要，但很多人往往忽视了父母在孩子成长中的重要地位。在很多情况下，只有父母给了孩子发展的自由，孩子的天赋、智力等才能得到充分的发挥，父母的支持和引导有时候才是孩子走向成功的关键。就像著名教育家陶行知所说："孩子的成长和发展需要有一个宽松的、开放的、积极的引导环境，需要在父母的热切期望和等待中来迎接孩子的成长。孩子的发展，要遵循天性，不能任意抹杀孩子的创造欲望和玩乐心态，要让孩子自由地发展。"

分享教子妙招

第一，引导孩子进行自我规划。在日常生活和学习中，父母不应该事事都替孩子"定目标"，引导孩子通过思考和探索，发现、筛选和确立适合自己的年龄、兴趣和性格的种种目标。例如，父母可以让孩子规划以下的事情：怎样安排每天的时间，自己定一个作息时间表；怎样听课、怎样预习、复习功课；参加什么课外活动；做点什么家务；做什么运动、玩什么游戏以及在家里、在学校做一个什么样的孩子，长大后做一个什么样的人等。

第二，让孩子学会自我改进。在孩子的家庭教育中，父母应该改变批评多、赞扬少，总是斥责孩子，甚至恨铁不成钢、施之以棍棒的做法，引导孩子自我改进。一个懂得自我改进的人会在做任何事情的时候，不仅会发现和认识自己的不足和缺点，不断改进，还会把自己最新的成绩和进步作为起点，不断去超越自我，取得更大的成功。

第三章
因势利导，把孩子带上成功之路

一、作家刘墉的教子之道——做好风筝线，让孩子飞得更高

二、地产大亨潘石屹的教子方式——奖励是使孩子听话的最好方法

三、阎肃独特的教子方法——寓教于"斗"的引导教育

四、作家池莉的"育女真经"——寓教育于生活

五、中国篮球名将易建联的成长之路——被"逼"出来的成功

六、迈克尔·乔丹母亲的家教之道——做人要有诚信

七、成功学大师戴尔·卡耐基的成长教育——在冬天里看见春天

八、胡适母亲的教子方法——爱而有度，严而有格

九、竺可桢的成长教育法则——水滴石穿

十、音乐"神童"莫扎特的成长教育——父爱造天才

十一、著名教育家黄炎培的教子之道——鸡毛掸子上的人生道理

一、作家刘墉的教子之道
——做好风筝线，让孩子飞得更高

·—➤➤➤ **点击经典实例**

　　刘墉，台湾著名作家，除了拥有一份成功的事业，刘墉还有一对让他骄傲和自豪的儿女：儿子刘轩如今已是哈佛大学的博士，小女儿刘倚帆更是多才多艺，刚刚才 15 岁的她，就夺得了美国总统奖。

　　刘轩 5 岁的时候，刘墉应邀赴美推展中华文化，经常往返于美国和台湾两地，和妻儿聚少离多。直到两年后，刘墉被聘为纽约圣若望大学的专任驻校艺术家，一家人定居美国，才结束两地分居的日子。由于刘轩这两年间一直跟着母亲生活，和父亲接触较少，父子之间比较陌生，并且由于经常躲在家里，胆子变得特别小。刘墉发现问题后，经常带刘轩到野外玩，加强父子之间感情的同时利用大自然培养儿子勇敢、开朗的性格。刚开始，刘轩特别惧怕一些小虫子，刘墉认为这是他对动物不了解造成的，就给他讲解有关动物的常识，告诉他哪些动物是不伤人的、哪些是有害的，甚至还亲自为他捉蝗虫吃。渐渐地，刘轩不再畏惧小昆虫，竟要和爸爸一起捉蝗虫吃。回家后，刘墉让刘轩把这些经历写进作文里。因为有了亲身体验，刘轩的作文写得妙趣横生，得到老师的好评。渐渐地，刘轩变得自信起来了。

　　刚到美国时，由于语言不通，刘轩很怕和同学打交道，整天郁郁寡欢。刘墉知道后，就经常带刘轩去看电影。在路上，刘墉总爱让刘轩问警察、路人、卖爆米花的"现在几点了"，每当听到爸爸的"吩咐"，刘轩就特别紧张，舌头直打结。他怎么也不明白，"爸爸为什么总是忘戴表？"听到问为什么，刘墉笑笑说："我是在训练你说话呀，如果口都开不了，怎么与人打交道，怎么能成功？"儿子恍然大悟，此后，在父亲的指导和鼓励下逐步养成"融入社会"的习惯。刘轩进入中学以后开始进入叛逆期，变成了一个让老师头痛的孩子：调皮、厌学、爱做白日梦，每天憧憬的就是变成一个像舒马赫那样的赛车手。所以，他的成绩很糟糕，每次的考试成绩总是雷打不动的"C"。一次，刘墉把儿子叫到身边，他先是冲着儿子意味深长地笑了笑，然后对他说："你的老师告诉我，你现在整天梦想着当舒马赫那样的赛车手，变得不爱学习了，对吗？"

"是的。"刘轩有点挑衅地说，"舒马赫是我的偶像，他像我这么大时成绩也很糟糕，他还考过零分，现在不照样当了世界顶级赛车手？"

刘墉突然爽朗地笑了起来，然后说道："他考了零分，当了赛车手。可是，你从来就没有考过零分啊，每次都是'C'！"

听完父亲的话后，刘轩当时有点吃惊，父亲竟然笑话自己没有考过零分？他不解地问："那么，你希望我考个零分给你看看吗？"

刘墉往椅子背上一靠，摆出一个坐得很舒服的姿势，笑了："好啊，你这个主意很不错！那就让我们打个赌吧，你要是考了零分，那么以后你的学业一切自便，我绝不干涉；可是，你一天没有考到零分，就必须服从我的管理，按照我的规定去好好学习。如何？"

刘轩听了以后心里开始窃笑不已，他当时觉得自己遇到了一个天底下最可爱也最愚蠢的父亲。

"但是，既然是'考'，那就得遵守必要的考试规则：试卷必须答完，不能一字不填交白卷，也不能留着题目不答，更不能离场逃脱，如果那样的话即视为违约，好不好？"刘墉接着说。

这还不简单？刘轩不假思索地答道："没有问题！"很快便迎来了考试。当真正试图去考零分时，刘轩才发现其实没有那么简单。有些自己知道正确答案的试题可以故意选择错误的选项，可有些自己根本不知道哪个是正确答案的试题就犯了难，按照约定这些试题又不能空着不答，最后只能硬着头皮像以往那样乱蒙一通，可这些乱蒙的答案总是能蒙到或多或少正确的选项。所以，试卷结果出来了，还是可恶的"C"，而不是可爱的"O"！

当刘轩灰头土脸地带着试卷回家，刘墉笑眯眯地走过来，提醒说："咱们可是有约在先哦，如果你没有考到零分，你必须听从我的指挥和安排。"

刘轩低着头，没考到零分只能认赌服输，听从父亲的安排。刘墉煞有其事地清了嗓子，说出了他命令："现在，我拜托你早一天考到零分，或者说，你近期的学习目标是向零分冲刺！哪一天考到了零分，哪一天你就获得自由！"

刘轩又一次被父亲的话震惊了，本以为父亲会好好地惩罚自己，让自己好好学习，努力考"A"呢，谁知道又是要求他考零分。心里窃喜的刘轩下定决心，下次一定考零分。

很快又迎来了第二次考试……结局还是一样，又是"C"！第三次、第四次……刘轩一次又一次地向零分冲刺。为了早日考到零分，他不由自主地开始努力学习。然后，刘轩开始发现自己有把握做错的题越来越多。换句话说，他会做的题越来越多。

一年后，刘轩成功地考到了第一个零分！也就是说，试卷上所有的题目他都会做，每一题他都能判断出哪个答案正确，哪个答案是错误的。

刘墉那天很高兴，亲自下厨房做了一桌菜，端起酒杯大声宣布："刘轩，祝贺你，终于考到了零分！"他冲儿子眨眨眼，加了一句话："有能力考到 A 的学生，才有本事考出零分。这个道理你现在应该已经知道，不过我是早就计划好了，你被我耍了，哈哈哈……"

后来，刘轩考上了哈佛，读完硕士，又读博士，译了书写了书，拿了音乐奖，获得了表演奖，他再也不去想做舒马赫第二了。

其实，刘墉可以称得上一个绝对的"中国式父亲"，为了陪儿子一起成长，也与时俱进地学会了很多儿子世界里的新事物：上网聊天、滑旱冰、穿破牛仔裤，甚至如何染绿头发。这个现代的"中国式父亲"直到儿子考上哈佛大学，才终于松了一口气；而儿子刘轩也直到进入哈佛大学，独立生活之后，才逐渐明白了父亲教育的良苦用心。在远离父亲的哈佛校园里，自由的刘轩开始想念父亲。虽然刚开始刘轩对爸爸的许多说法不太认同，但事实证明爸爸是对的。他也渐渐明白了：自己就像只风筝，爸爸就是放风筝的人，是爸爸的正确牵引，使自己乘着风势，越飞越高。

如今，刘轩感受着"天高任鸟飞，海阔凭鱼跃的自由"，可他却说："21年来，我讨厌父亲的严加管束；21年后，我感谢他的宽宏大量。我该起飞了，却莫名其妙地有点舍不得。"

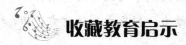 **收藏教育启示**

　　教育孩子也需要智慧，有时候巧妙的方法不仅仅更易于孩子接受，还会起到事半功倍的效果。刘墉是一个充满智慧的作家，也是一个充满智慧的父亲。他利用其巧妙的方法帮助孩子解决了成长中的各种问题，使孩子在一个轻松快乐的氛围中成长、成才。刘轩的经常考"C"的表现，在很多父母的家庭教育中可能都难逃各种各样的"惩罚"，但刘墉却巧妙地把惩罚转化为一种"游戏"，让孩子在快乐的"游戏"中改掉了坏习惯。他给孩子营造了一个没有惩罚的成长环境，这个环境中孩子没有犯错的机会，因为他会把孩子的错误转化为另一个好习惯养成的开端。这是一种教育的智慧。如果每个家长都拥有这样的智慧，所有的孩子该是何等的幸福、快乐！

▣ 分享教子妙招

第一，家庭教育避免直接的批评。批评可对未成年人产生一定的刺激，加深他们对问题的理解，以使他们更快地改正缺点和错误。但是，对子女进行批评，应采用和风细雨式的摆事实、讲道理的方式，分析原因，并帮助他们改正缺点和错误。最好不要采用体罚、恐吓、辱骂等方式，以免过分伤害其自尊心，挫伤其积极性，使其产生消极对抗的情绪。

第二，学会在快乐中教育孩子。未成年人一般都非常喜欢听故事、讲笑话和做游戏，而且在做这些事情时，非常专心。利用有趣、生动、具体、形象的游戏、故事和笑话，来感染教育儿童，使其在笑声中、欢愉的气氛中受到启发，改掉不良的行为习惯，提高明辨是非善恶的能力，发展其思维力、想象力、注意力、审美力以及语言表达能力，在快乐中成才。

二、地产大亨潘石屹的教子方式
——奖励是使孩子听话的最好方法

⋯➤➤➤ 点击经典实例

潘石屹，房地产发展商，他从赤贫一跃成为亿万富翁，不仅堪称奇迹，更被当作很多有理想青年的励志典范。在很多商人眼里，潘石屹是一个"是非不断的叛逆者"，举手投足间似乎都透露出另类和禅机；而在孩子的教育上，他也有一整套的理论和实践，使两个孩子受到很好的教育并健康地成长。许多商界朋友羡慕不已，纷纷向他请教育儿经验。但事实上，从一个商业巨擘变身成为育儿专家，潘石屹也走过很多弯路，甚至公开发出过"当老爸比当老板更费心"的感慨。

1998 年，香港明德医院。随着一声清脆的啼哭声，35 岁的潘石屹终于迎来了期盼已久的儿子。兴奋与激动的他用颤抖的双手亲自为孩子剪断脐带。然而，从一个拥有亿万身家的房地产老总，突然变身成为一个整天围着奶瓶、尿不湿打转的奶爸，一时间，潘石屹并不适应。有一次，儿子醒来突然大哭，潘石屹一个人在家手忙脚乱地哄了半天也不见好，最后他无比烦躁地将儿子扔在床上，用命令的语气说："停，别哭了！有什么事等你妈回来再说。"可那么小的孩子哪里听得懂他的话，反而哭得更厉害了。潘石屹无奈，只好再次抱起儿子，可没想到刚一抱上身，只听"噗噗"几声——儿子竟然拉屎了，沾得潘石屹的手上、身上到处都是。再看儿子，竟然不哭了，一双黑溜溜的眼睛盯着他，充满了无辜。潘石屹哭笑不得，只好认栽，"这生的哪里是儿子啊，分明是个小祖宗。"

在商界打拼的路上，潘石屹并非走得一帆风顺。他也吃过很多苦，受过很多骗，但无论境遇好坏，他都会给自己送一份小礼物作为安慰或者鼓励。在教育孩子的早期过程中，潘石屹一直都想尝试着把这种自我约定、自我赞赏的模式嫁接到孩子身上。在孩子三岁大的时候，他发现小家伙开始有了自己的思想和意志，有时候不听他和太太的话，越是批评孩子他就越是反抗，或者干脆向父母索要礼物，否则哭闹对抗。这使得孩子逐渐养成一些坏习惯，并且恶性循环。"怎么办？"地产大王潘石屹和太太也陷入常人家庭的家教难题。

有一天，潘石屹意外发现四岁的大儿子趁自己不注意，溜进书房，趴在书桌上用颜料笔涂抹一幅即将在深圳开工的小区草图：太阳是大红的，地面是青绿的，房子是灰色的……一幅冷冰冰的建筑草图变成一幅生机盎然的儿童画。太太张欣一把抱住儿子，紧张地为儿子辩护："孩子还小，不懂事，你就别责怪孩子了，你再让设计部重新制作一幅。"可是，潘石屹不仅没有责怪，反倒激动地说："嘿，我终于找到送给儿子的最佳礼物了！"

潘石屹当下找出一张白纸，先在上面画一张床，床上睡着一个孩子，然后在纸的上方围绕着床画上七个大大的蓝色圆圈。太太张欣不解地问："你这是干什么啊？"潘石屹秘而不宣地笑笑："等下你就知道了。"潘石屹将画摊在儿子面前，儿子很喜欢，小手抓起颜色笔就要涂抹，可是潘石屹却又阻止了。他向儿子启发道："画面上的这张床就是你房间里的那张，床上面的七个蓝色大圆圈代表一周中的七天，如果你从今晚开始能单独在自己的房间睡觉，那么每天就可以在蓝色圆圈的中间涂上你喜欢的颜色。"

原来，四岁的儿子一直和父母睡一张床上，这对于逐渐长大的孩子并不是一件好事，因为孩子一直和父母睡在一起不利于自我独立性的发展，但小家伙怎么也不肯睡到自己房间的小床。可潘石屹画了这张图后，儿子当天晚上居然乖乖睡到了自己的房间，第二天早上起来的第一件事情就是在图片里蓝色的大圈内涂抹上艳丽的红色。后来，潘石屹又画出过许多有针对性的图画给儿子涂抹颜色。譬如，画一个圆筒冰激凌和一些勺子。每次儿子顺利完成父母要求做的事情，他就可以把其中的一个勺子涂成他想要的颜色。当所有的勺子变成彩色后，潘石屹给予的奖励就是：一个美味的冰激凌。

有时候也会在纸上画一些空的小笼子。当孩子乖乖听话时，就可以在笼子里贴上一种动物的贴纸。当他的动物园住满了小客人后，就奖赏他去真正的动物园开开眼界。你千万不要以为潘石屹这是在训练儿子的绘画能力或者色彩感，他只不过通过这种方式悄然改变儿子的某些坏习惯。这些简单的涂画游戏，能使孩子雀跃，他们会把游戏当作一件大事去认真完成。

潘石屹成功的过程中，获得过无数荣誉，可是他从来不把那些奖杯、奖状什么的看得很重，胡乱地扔在家里的角落。然而当儿子完成每幅"大作"后，他都要工工整整地粘贴在儿子屋里的墙面上。他有所悟地解释道："奖励的确是使孩子听话的最好办法，所以，我们还要认真对待这份别有用意的奖品，把图片贴在孩子能够看得见的地方，一个互动性的图画会提醒他，他的目标是什么！"

潘石屹从小生活在艰苦环境中，长大后知道财富可贵，所以他对孩子约法三章：能在家吃家常便饭，就不外出吃；每次进商店只能买一件玩具；过节只给100元压岁钱。潘石屹每次参加慈善活动，一定会带上孩子。第一次参加这样的活动时，大儿子惊讶地问潘石屹："爸爸，我们少吃一个冰激凌少买一样玩具，真的可以让山里的孩子多上一个月的学吗？"潘石屹没有急于回答，第二天带上两个孩子回了甘肃老家，让城里的孩子零距离去体验贫困地区孩子不一样的生活。回到城里后，潘石屹发现，两个孩子比过去更加不乱花钱了。

孩子很小的时候，潘石屹就为他们在银行各自开了一个零花钱的户头，孩子们将钱攒下来全部存进了银行。潘石屹总是暗示他们，这些零花钱存下来，等到他们念大学时用来支付学费。结果没多久再带孩子去参加慈善活动时，两个不到十岁的孩子居然分别拿出了 2000 多元捐献了出来。当时，这对潘石屹来说都是一个意外。事后他悄悄问两个孩子："你们把钱都拿出来了，以后哪还有钱念大学啊？"孩子说："可是，那些山里的孩子现在连小学都念不了。"然后又紧张地问，"爸爸，你真的不会让我们没钱念大学吧？"潘石屹笑笑，心想："怎么会呢？"

 收藏教育启示

家长们在教育孩子时都有这样的体会：如果孩子觉察到你在说服或改变他的思想和行为时，往往会在心理上竖起一道屏障，对你的教育进行抵制；当他和你存在情绪障碍时，直接的教育方式常会使他产生逆反心理，出现抵触情绪，而达不到预期的教育效果。这时，诱导法不失为一种良好的家教方式。就像潘石屹成功地诱导孩子完成自我独立性的锻炼，在诱导中发现孩子的兴趣并进行有针对性的培养。诱导法就是在孩子没有戒备心理的状态下家长为孩子设置一个经过努力可以达到的奋斗目标，并借用某种间接的方式对孩子的心理和行为产生影响，从而使孩子按照一定的要求去行动的方法。不过，家长在运用诱导法开发孩子智力时要注意以下几点：第一，设置的奋斗目标一定要适中可行。第二，巧用多种诱导方式。第三，多一点表扬和鼓励，正如潘石屹所说：奖励是使孩子听话的最好方法。

分享教子妙招

第一，学会奖励孩子。奖励是家庭教育中一种重要的方法。表扬、奖励孩子，可以鼓励孩子重复良好习惯形成；在表扬和奖励中可以激发孩子的上进心，有利于培养孩子的自尊心和荣誉感，培养孩子自我约束的能力，还可以增强孩子的是非感，有助于父母与子女之间的情感的加深。表扬、奖励孩子的方式很多，应以精神奖励为主。比如：夸奖、赞许、点头、微笑、亲昵等，都能达到激励孩子上进的目的。当然，也可以有物质奖励，对年纪小的孩子，必要的物质奖励也是很好的教育手段。可以赠送书籍、衣物、玩具、学习用品等，但要慎用金钱，更不能让孩子小小的年纪，纯净的心灵过早地染上铜臭气。

第二，教育孩子要适当运用暗示的方法，暗示也是诱导法的方式之一。当父母希望子女做什么、不做什么，或是防止子女出现过失或犯错误时，有时候为了避免伤害孩子的自尊心可以用间接、含蓄的语言、表情或手势向子女传递某种教育"信息"，从而使子女迅速察觉、心领神会地按父母教育意图去行事。

三、阎肃独特的教子方法
——寓教于"斗"的引导教育

▪▶▶▶ 点击经典实例

毛泽东有句著名的话：与天斗、与地斗、与人斗，其乐无穷。有些人天生爱"斗"，不过用在合适的领域，这种"斗志"却也成就了无数英雄豪杰。如果一个孩子喜欢时时处处跟人"斗"，总爱惹事打架，那这些孩子的父母要在孩子的家庭教育中多花费些心思和工夫了。不过，对于孩子的"好斗"，只要你能与孩子交朋友，因势利导，它又未尝不是一种动力。"得之淡然，失之泰然，顺其自然，争其必然。"在教育孩子方面，著名词作家、剧作家阎肃也深谙这"四然"之精髓。

1967年4月，在阎肃的女儿4岁的时候，儿子阎宇比预产期提前一个半月出生了。那时阎肃在空军政治部任职，实在太忙了，又经常出差，一年到头，在家的日子实在不多。阎宇的母亲还在河北涿州的航校上班，一个4岁的女儿就已经够她忙的了，实在是照顾不上阎宇。没办法，只好在阎宇出生3个月后，便把他送到了沈阳的姥姥家。

阎宇在姥姥家一住就是3年。姥姥是非常慈祥的人，尤其觉得阎宇这么小就不在父母身边，于是更加对他关爱备至，甚至到了有点溺爱的地步。

据说阎宇很早就会走路了，可刚会走的同时也学会了干坏事，用阎宇自己的话说，就是有时候干坏事也是需要天分的。他常趁大人不注意，走到水壶旁，打开壶盖往里尿尿，把姥姥气得没办法，可又不舍得打他。家里的姨和舅舅们也都很喜爱他，大舅经常会用手臂把他举高，让他两手张开，好像飞机在飞行，喊着："坐飞机喽！"阎宇却往往趁大舅不注意，将尿尿进大舅嘴里，大舅这时还是依然大笑地说："没事，童子尿好。"

稍大以后，阎宇更是淘得没边，"坏"得没谱。他经常用扫帚把屋门"别"住，把姥姥关在屋里，自己却跑到邻居家去玩。姥姥只能隔着窗户喊过路人，帮着把门打开。冬天时，阎宇还常会"不辞辛苦"地把积雪一抱一抱地堆到别人家门前，再浇上水，把门冻住。院里的邻居们都说从没见过这么淘气的孩子。姥姥却说好，说淘气的孩子聪明。阎宇的淘气、顽皮甚至是撒野、犯浑，姥姥都能包容，甚至喜欢，觉得男孩子就该这样。

转眼3年过去了，阎宇到了可以上幼儿园的时候，阎肃就来沈阳接他回北京。一见面，儿子就吓了他一大跳，只看阎宇头上包着纱布，身上还有几处贴着胶布，一问才知道，是儿子在街上淘气打架，脑袋被石块打破了。

阎宇上幼儿园的第一天，就与孩子们打上了，结果头被打破了，身上也有好多处伤，纱布绷带缠得满身都是。他更是不服管教，谁管教他，他就跟谁"狠"。一次，他又与一个孩子打得难分难解，幼儿园的一位阿姨把他俩拉开了，他拾起砖头就要砸这位阿姨。阿姨吓跑了，他却把教室的桌子推倒了一大半。

正像妈妈说的，阎宇的野性改不回来了。很快的，阎宇因经常打架而在幼儿园成了"名人"。刚上幼儿园不久，他成了班里的"大王"。等阎宇升到中班时，连四个大班的同学都怕他，阎宇就顺理成章地成了全幼儿园的"大王"。

那一次阎宇简直成了大闹天宫的孙猴子。起因是阎宇又犯错误了，幼儿园的老师批评阎宇，阎宇特别不服气，就和老师对着吵。吵着吵着到最后，阎宇竟然捡起一小块砖头要砸老师，吓得老师满院子跑，阎宇就满院子追。最后是被幼儿园养猪的饲养员赶来，一把夺下砖头，把他制服。幼儿园园长一看，这还了得，让阎宇罚站。当时正好赶上要吃午饭了，不服气的阎宇嘀咕着：凭什么让我站着，不让我吃啊？当时，那些盛满菜的菜盆就放在楼梯口，一撒野，趁人不备，他上前几脚，把放在楼梯旁盛满菜的几个桶全给踢翻了，菜洒了整整一楼梯。于是那天午饭，全幼儿园的小朋友，都是吃咸菜、萝卜皮就着米饭。

面对这个被许多人看成"坏孩子"的儿子，阎肃觉得应该好好教育孩子了，再这样长下去，将来不知道还会做出什么更出格的事儿。不过据他观察，阎宇的"坏"只是太淘气而已，骨子里还是个厚道、热心的孩子。他觉得只有把儿子当成朋友来看待，才能在学习、人生方面给予他正确的指引。不然，以儿子的叛逆性格，打骂说教只能适得其反。于是，他决定给阎宇换个幼儿园，在一个新的环境中来试图改变儿子。

阎宇到了新的幼儿园后，阎肃对儿子说："只要你三天不闯祸，我就请你吃饺子（阎宇最爱吃饺子）。你想玩什么爸爸就陪着你玩。"为了吃上饺子，阎宇果然在学校里收敛多了。阎肃也不食言，儿子想干什么，或想玩什么，他大多数情况下不会阻拦，反而主动去帮忙。他看到儿子喜欢玩蛐蛐，于是就心生一计。

那段时间，阎肃对儿子在学校是否打架不管不问，也从来不督促儿子学习，而是一有空闲就与儿子斗蛐蛐儿。为了能有一只好蛐蛐儿，阎肃还不惜在外出开会的间隙四处去抓。

可就是这斗蛐蛐儿，儿子竟不再那么热衷于打架了，倒是对蛐蛐相关的知识产生了浓厚的兴趣。那一天，阎宇看见一只蛐蛐全身变白了，问爸爸是怎么一回事。阎肃也不太明白，就请来了一位懂得昆虫的专家请教。专家对阎宇说，你抓来的是蛐蛐秧子，它变白是在蜕皮，只有像这样经过两次蜕皮后，变黑了，也就是成熟的蛐蛐了。听了专家的话，阎宇的心头一下子敞亮了，他还没曾想到，大自然会有着如此的奥妙。

而这正是阎肃所期盼的。儿子好斗，"斗蛐蛐"也同是一种"斗"，阎肃要将儿子好斗的秉性引导到斗蛐蛐这"不犯事"的事情上来。并且说不定还能激发出儿子学习自然知识的热情，能有效转移儿子"斗"的方向。

令人称奇的事果然出现了。儿子不仅课外知识丰富了，而且在体育运动上成了班上的一名健将，长跑、短跑，他几乎每次都是第一，甚至连手工课上做手工活他也总是最快。

后来，在阎肃因势利导的教育下，儿子的"斗志"逐渐转移到了学习上，考大学时，阎宇取得了全校文科第一的好成绩。上了大学后，他的"斗志"变成了不断的探索创新，大学还没毕业，就弄出了一个服装加工厂，效益非常好，毕业后又开广告公司，业余时间也循着父亲的足迹写写歌词，配上曲后竟也传唱大江南北，每一件事他都干得有声有色。

 ## 收藏教育启示

　　任何事情都有着两个方面，比如这孩子的"好斗"。他与任何人都大打出手，那会是一种令人头疼生厌的破坏力。倘若做父母的，以暴制暴，弄得不好，孩子就会与大人对立，甚或破罐子破摔。正如阎肃与毕福剑一次说起儿子时："那时我之所以不以暴力对待他，因为我始终相信他是个好孩子。假如那时我放弃了儿子，那么他可能真的与坏孩子混到一起，那么他的一生就完了。"对于孩子的"好斗"，只要你能与孩子交朋友，因势利导，它又未尝不是一种动力。而这种动力能否被发掘完全取决于父母的教育方法。调皮的孩子并不是缺乏智慧，而是智慧的力量发挥到了错误的地方，只要能够正确地加以引导，他们的"调皮"就会转化为他们的天赋。

分享教子妙招

　　第一，学会接纳孩子的"调皮"。如果你最近经常为自己的调皮孩子弄得焦头烂额，或是气得不知所措，那么首先应该控制一下自己的焦虑情绪，尝试在一周之内不要再提醒孩子诸如"上课认真听讲、不要说话、不要调皮捣蛋"。孩子在家的时候，多多留心观察，尽可能地去发现孩子的优点，每天发现一点孩子的进步，哪怕是最微不足道的。发现孩子的优点之后，不要吝啬表扬的话，一定要对孩子说出来。这种通过鼓励让孩子自己改掉不好的习惯的方式要胜过针对孩子缺点的直接教育。直接的要求或者教育不仅会伤害孩子的自尊，而且也会造成孩子的逆反心理，使得父母的教育收效甚微。

第二，转移顽皮孩子的注意力。比如接触大自然，可以去一些环境能吸引孩子兴趣的地方，用外界丰富多彩的大千世界吸引孩子的注意力；比如让孩子多参加运动，父母可以让孩子有计划地参加一些体育锻炼和嬉戏活动，让身心得到释放的同时也转移了孩子调皮捣蛋的时间和精力。父母一定要相信自己的孩子是个好孩子，不要把目光都聚焦到孩子的缺点上，而是要多方面地重新去认识和发现你的孩子，换一个角度，你会发现你的孩子有许多独特的优点。

四、作家池莉的"育女真经"

——寓教育于生活

我希望我的女儿，首先能够从真实不虚的生活中懂得生命意义。如果她慢慢懂得了衣食是一种大事，勤俭是一种美德，心静是一种大气，宽容是一种真爱，知晓是一种最好，那天下还有什么功课她拿不到 A 的呢？

——池莉

池莉是中国家喻户晓的著名女作家，现任武汉市文联主席，中国作协主席团委员。20 余年来，池莉以其对现实的独特理解与深刻透视，对众生的重新审视和平等关怀，温暖和启发了众多读者。其实，作为一名优秀作家的池莉更是一名好妈妈。2005 年，池莉之女亦池考入英国顶尖中学——协和学院，从此踏上了留学英伦之路。2007 年，亦池高中毕业后又以优异成绩考入了著名的伦敦大学学院（UCL）。2008 年 6 月，池莉的新著《来吧，孩子》出版发行。该书一经出版便在中国家长中引起了巨大反响，引发了当代中国社会对家庭教育和素质教育的重新思考。我们可以撷取她和孩子的一些故事来看看她的家教之道。

熟悉池莉的人们都知道小亦池特别贪玩。而贪玩背后的真实生活，是亲朋好友、邻居同事和老师无法看到的。其实，贪玩的小亦池时常在玩耍中表现出很强的学习能力。亦池从小就知道妈妈会做菜，而对比之下，有许多小朋友的妈妈是不会做菜的。在这一点上，亦池很以妈妈为荣。这种荣耀感使亦池乐于窥探妈妈在厨房的行动，并且跃跃欲试。

发现女儿的心思，池莉在厨房忙碌时，就会留心她的情绪表现。每当孩子情绪合适，就会把她唤到身边，向她展示厨房美好的富于艺术的一面。亦池小的时候，池莉会抱起她，让她炒炒菜，放放盐。转眼之间，就会将一盘绿油油、绵软又清香的菜肴端给她看，告诉她："这就是你做的！"然后，当全家开始吃饭的时候，妈妈会再次用赞叹的语气宣布这个新闻。

后来，亦池上学了，够得上灶台了，只要她有心，池莉会放手让她炒个青菜呀鸡蛋什么的，炒不好也无所谓。关键是，但凡她有兴趣的事情，池莉就尽量为她留下印象、找到感觉和培养感情。每个学期期末，学校都要求家长为自己孩子的家里表现写评语，妈妈每次都要郑重其事地把亦池在厨房的勤劳与创造写上去。厨房里的教育，并不仅限于烹饪和洗碗做饭。池莉常常以饮食作为缘由，上下五千年、天南海北、文学诗歌地给女儿讲故事，还带孩子学习使用各种餐具，带孩子品尝美味，教她如何吃饭。吃饭也是一门学问，饭要吃好，但是又要不饕餮、不滥吃、不贪馋、不铺张，这也是一个人的基本尊严和体面，也是一个孩子必须学习的人生功课。一旦学好了，它会提升孩子的文化品位，会给孩子带来难以估价的自信。

在亦池五岁多的时候，有一次跟着妈妈下厨房，她正起劲地学习把鸡蛋磕破，并用筷子在碗里打鸡蛋花。忽然随口问："妈妈，你刚才放进锅里的是什么？"

妈妈说："是油和盐。"

她就说："啊，我知道了。妈妈，胡椒味精盐，酸甜苦辣咸，这就是押韵吧？"

孩子一说，池莉惊喜万分，看着女儿，立刻关掉火，蹲下身来，把小亦池拥在怀里，这是一个再恰当不过的好火候，她们就此自然进入了学习诗歌的领地。母女面对面，坐两只小板凳，亦池的眼睛格外晶亮，这是因为自豪。池莉告诉她：

"押韵是中国古典诗歌的一大特点，押韵了就会朗朗上口，就像吟唱一样，比如'白日依山尽，黄河入海流'。"小亦池手里还玩弄着青菜叶子，就接着吟道："欲穷千里目，更上一层楼。"她还顽皮地以手遮檐，做了一个动作，显然她是明白这句诗歌的意思了。

许多快乐的时刻，池莉经常会被孩子的热情感染，会和亦池一起吟唱她的那些儿歌，并且引出了更好玩的故事。池莉会拿出地图，回答女儿种种好奇的问题，哪里是湖南，哪里是江西；再看武汉市的地图，哪里是火车站，哪里是长江南北，从自己家有哪几路公共汽车可以到达。她们又去买了地球仪，池莉带着孩子，在地球仪上旅行，寻找每个国家的位置和首都。

这就是教育与学习！她们母女看上去无厘头的笑笑闹闹，其实却充满了无尽的意趣。有一种学习在生活中，它难以言喻却丰富多彩、宏大无边。寓教育于生活，这就是作家池莉的育女心经。

 ## 收藏教育启示

　　细节成就孩子的一生。孩子的良好品质与良好习惯，不仅是在日常生活中由一个个生活细节逐渐培养而来，也完全体现在一个个生活细节里。所以，在家庭教育中，父母应关注生活中的每一个细节，于细微处见真功夫。父母通过生活的细节培养孩子良好的习惯，最有效的方法是以身作则。比如做饭、穿衣服、系鞋带、收拾床铺、打扫房间等，都要先做给孩子看，然后再逐步引导孩子自己做，这有利于培养孩子的自理能力和养成勤劳的习惯。另外，父母还要教孩子一些餐桌礼仪和礼貌用语以培养孩子良好的饮食习惯和道德习惯。成功的家庭教育始于细节，我们教育孩子应当从那些看似微不足道的细节入手，从生活中的点点滴滴抓起，并从中捕捉教育的良机。教育应注重细节，而细节来源于生活。

分享教子妙招

第一，注意培养孩子的日常学习习惯。良好的学习习惯和科学的学习方法，对于一个孩子来说，不但能有效提高学习成绩，而且能影响他们日常行为和以后的工作习惯，使他们终身受益。比如上课前预习的习惯，每次考试完进行错题整理订正的习惯等，好的习惯决定了孩子在各方面取得好的成绩。

第二，以身作则，为孩子成长和学习创造一个良好的氛围。有教育家指出：如果想教出一个让人骄傲的孩子，首先要成为让人骄傲的父母。父母的日常言行会直接影响到孩子，并且因为这种影响正好处于孩子学习新鲜事物的关键期，所以这种影响会直接折射到孩子心灵深处。父母不经意的话语、生活习惯、情感交流等都是对孩子进行素质教育的素材，只有严于律己、言传身教，给孩子做个好榜样，孩子才能在人生的第一任老师的教育下成长为让人骄傲的人才。

五、中国篮球名将易建联的成长之路

——被"逼"出来的成功

··►►► 点击经典实例

易建联，中国职业篮球运动员，2005 年成为中国男子篮球职业联赛史上最年轻的最有价值球员，后来又在美国男子篮球职业联赛打球，成为在国外打球的为数不多的中国运动员之一。易建联在篮球事业的成功直接得益于他的父母，父母给了他优秀的基因，也给了他优秀的家庭教育和成长环境。易建联的父母都是运动员，父亲易景流早年是广东省手球队主力前锋，母亲也曾入选国家手球队。所以，易建联 12 岁时，身高已经达到了 1 米 94，到了 13 岁时，长到了 2 米 02，这些都成为他后来打篮球的有利条件。

一次，易景流到体校看儿子训练，发现易建联的球鞋裂开了。他提醒儿子换双好鞋训练，以免脚和膝盖受伤。阿联不好意思地说："我的脚又大又宽，加上训练场又是水泥地，一双鞋一个多月就破了！"易景流马上跑出去买鞋，可深圳所有商场，都没有 48 码这么大的鞋！

第二天易爸爸去了香港，终于找到 48 码的运动鞋，一双鞋高达 900 港币。但为保证儿子训练时不再穿容易伤脚的烂鞋，一口气买了六双。易建联见爸爸提来这么多鞋，感动得不知说什么好。易景流适时鞭策儿子："我就是要'逼'你跑起来，找不到懈怠和停下来的借口。你唯有争气打上主力，爸爸才不用从香港给你背鞋回来！"

　　易建联没有辜负父亲厚望，他的球技和身高齐头并进！ 13岁时易建联就被被广东宏远俱乐部选中。父亲送给他一块用檀香木刻的小匾，上面写着：逼你成功！

　　成长中的易建联跟其他孩子一样，也会有叛逆期，会养成一些坏习惯。有一次，易景流到易建联所在的宿舍找他，可敲了半天门才打开。易景流发现屋里有四名少年队员，满屋子烟味。易建联见父亲来了，有些惊慌地站起来。易景流却像没事儿一样，并没有当场质问他。第二天，他赶来送汤时，对儿子说："老爸要送你一个礼物，但你得答应一个条件！"易建联惊喜地发现礼物是自己盼望已久的一部手机，他还暗自猜测父亲的条件肯定是"好好训练"。谁知易景流拿出一个塑料小扣饰：一根燃了一半被灭掉的香烟！易建联马上明白了父亲的良苦用心：他是想时刻提醒儿子对香烟的诱惑一定要"浅尝辄止"。时至今日，易建联坚守着承诺，不论换了多少部手机，一直把半支烟的饰物挂在手机上。他决不碰香烟，他知道，那小小的手机扣饰，是父亲对他一生的叮咛。

　　2003年底第七届世界青年锦标赛中，包括易建联在内的国青队员面对欧美球队凶狠的包夹防守和快节奏的全场紧逼，技术和心态都走了样，连吃败仗，成绩跌至历史最差的第14名。易建联首发出场，可传接球失误频频，篮板的争抢也慢半拍，在国际赛场初试身手就遭当头一棒。在现场目睹儿子如此低迷的状态，易景流焦急万分，他知道："阿联的个性太温和内向，在球场上根本没有霸气，这样下去永远当不了'王者'。得想办法'逼'他豁出去！"十多天后，他到俱乐部找到儿子，拿出解聘书并激励儿子说："阿联，我和你妈都辞掉了工作！……以后全家的生活就靠你打球了，我们没有退路！"

　　"激将法"果然奏效，一次，广东队客场迎战一支劲旅，易建联在场上争抢篮板球时鼻梁被碰骨折，血流满面，他下场对伤口做简单处理后，就向教练请缨重新上场。场上，易建联像只小老虎，勇猛灵活地争抢篮板球。最终，广东队客场获胜！当晚易景流给儿子打电话时关切地说："你还是应该下场休息的！"易建联却笑道："我这才叫'热血青年'嘛！再说，我不能输给对手，他们可能是抢走我们一家生活费的人哪，说什么也要赢！"

儿子的球风开始硬朗起来，这让易景流很欣慰，因为阿联明白了打球不再是他一个人的事了，还关系到父母晚年的幸福。2004年2月，易建联拿出自己的奖金给父亲买了一辆丰田汽车。取车时，易建联自信地对父亲说："爸爸，我有责任，也有信心，让你和妈妈生活得更好！"

 收藏教育启示

现代心理学所提供的客观数据让我们惊诧地发现，绝大部分正常人只运用了自身潜藏能力的 10%。可以这么说，每个人都有一座"潜能金矿"等待被挖掘。孩子的潜能是个巨大的宝库，要仔细观察和发现，懂得开发。观察后的收获并不是真正的硕果，发现了潜能，只是迈出了通向成功的第一步。父母应不失时机地创造机会，给孩子展现自己、锻炼自己的空间。如给孩子营造良好的环境，借助各种必要的道具，通过游戏、活动等丰富多彩的形式，不断地激发孩子的潜能。而且一定要让孩子亲自去体验、去实施，帮助孩子不断地丰富经验，树立信心。其实，每一个孩子都是可爱的天使，也都是非常优秀的，唯一的差别只是"潜能"之灯是否点亮，是否展现出自己独到的一面。作为父母，应该在适当的时候，给予孩子关心和指导，以帮助孩子发掘出自己的潜能。易建联的潜能是被父亲"逼"出来的，但这种"逼"是顺着孩子的天性而为之，所以才能发挥巨大的作用。

🔲 分享教子妙招

第一，家庭教育巧用激将法。虽然易建联的父亲用激将法激发了孩子的斗志和潜能，激将法也是大家喜闻乐见鼓励孩子的方法，但是有时候使用不当也会给孩子造成伤害。不同类型的孩子面对父母使用"逼"的方法的时候，孩子的反应是不同的：有的孩子好胜心强，能够在父母的激励下发挥出隐藏的潜能；而有的孩子自尊心坚强，或许容易冲动、不服气，这种情况下激将法不但起不了多大作用，还有可能造成孩子消极怠慢、叛逆抵触等情绪产生。所以，使用激将法时要因孩子具体情况而定。

第二，对待孩子的过错要宽容。宽容是指孩子做错了事之后，家长以宽大的胸怀接纳孩子的过失，他们没有过激语言的斥责，也没有穷追不舍的追究，这都会使孩子的内心受到深深的自责，并在悔恨、内疚中对自己的过去进行冷静的思考，促其在父母的大度中去痛改前非。宽容，有利于让孩子形成良好的习惯和品德，是一种无声胜有声的教育方法。学会使用宽容教育，孩子的成长中将少了泪水，家庭生活中也会少了争吵声。

六、迈克尔·乔丹母亲的家教之道
——做人要有诚信

·➡》》点击经典实例

NBA 球场上群星闪耀。在他们闪耀星光的背后，是一群平凡而伟大的父母们，为了孩子的成长默默付出。

迈克尔·乔丹（Michael Jordan），美国男子篮球职业联赛著名篮球运动员，被称为"空中飞人"。他在篮球职业生涯中创造了不胜枚举的惊人纪录，是公认的全世界最棒的篮球运动员，也是 NBA 历史上第一位拥有"世纪运动员"称号的巨星。

1963 年 2 月 17 日，迈克尔·乔丹出生在美国纽约布鲁克林一家天主教医院。他是迪洛瑞斯和詹姆斯·乔丹的第四个孩子，也是三个儿子中最小的一个。他还有一个姐姐和一个妹妹。

乔丹小时候非常崇拜大卫·汤普森，常常因想长得更高而问他的妈妈："妈妈，我怎样才能长得更高？"每当此时，他妈妈总是说："今天晚上你睡觉时妈妈会为你祈祷，而且还往你鞋里撒盐，帮你长得更高！"1972 年，乔丹看过慕尼黑奥运会后，兴冲冲地走进厨房向妈妈宣称："总有一天，我也要参加奥运会篮球赛，还要赢得金牌！"他妈妈肯定地对他说："我相信你能行！"此后乔丹为了实现自己的理想，即使在中学二年级被校队刷掉也没气馁，凭着自己的毅力和信心最终实现了自己的理想。说起对孩子的教育，乔丹的母亲对朋友说："孩子们在家时，我常告诫他们要言而有信，只要他们做出承诺，就不得反悔。"

随着乔丹篮球事业的如日中天，虽然他已经是公牛队最优秀的队员，而NBA圈中许多运动员的收入比他多许多，但他却做到了言而有信，几乎从未要求改写合同以便获得更多金钱。对于他签约做广告的产品，他也是言出必行。当他担任可口可乐发言人时，决不喝其他品牌的软饮料，而且要求家人也只喝可口可乐。在他与可口可乐签约期间，一家橙汁公司想请他妈妈做一个电视广告，当妈妈征求他意见时，他说："您不能做这个广告，您做这个广告就等于和可口可乐竞争。"虽然妈妈为此失去了一笔可观的收入，但她还是感到很高兴，因为她看到了自己的告诫变成了孩子的行动。

 **收藏教育启示**

教育孩子做一个诚实的人具有重要的意义。诚信指个人或社会集团真诚不欺，遵守诺言，实践成约以及取得别人的信任的统一。为人诚实会使孩子在今后的人际交往中受到别人的欢迎、尊重和信任。每个孩子在属于自己的圈子中总要和别人交往，在交往过程中，具有诚实的品质往往能使孩子结交更多的朋友，得到更多的帮助，受到更多的关怀，这对孩子的身心健康发展无疑有重要作用。

诚信教育无疑是学校教育、社会教育的重要责任，而家庭教育对孩子诚信品格的涵养却显得更为直接和深刻。每个家长都希望自己的孩子将来能够生活在诚信的社会里，希望子女受人尊敬、事业有成。家庭教育中的诚信教育绝不仅仅是家庭的责任，它关系到未来公民素质的培养，是每个家庭在社会文明进程中应尽的义务。把诚信教给孩子，是每一位家长的职责所在。希望天下的父母都像乔丹的母亲一样，让全世界都成为一个诚信的大家庭。

分享教子妙招

第一，为孩子做好诚实的榜样。父母要培养一个有责任心、以诚待人的孩子，就要以身作则，做诚实的表率。常言道"身教重于言教"，父母的行动对孩子来说是无声的语言，有形的榜样，具有潜移默化的作用。为了培养孩子的诚实习惯，在日常生活中，父母对待孩子一定要诚信，不要说话不算话。因此，父母在向孩子许诺之前一定要三思，不能言而无信，答应孩子的事情，就一定要做到；如果不能兑现，应及时向孩子解释，向孩子道歉，并做自我批评，让孩子从内心理解和原谅父母，事后父母应设法兑现自己的承诺。

第二，诚实教育从点滴做起。培养孩子诚实的品质，它既要求家长有长期坚持的耐心、与时俱进的细心，又要深深扎根渗透于日常生活的琐碎点滴中，贯穿于家庭生活和亲子成长的全过程。对孩子的诚实教育应从生活的细节做起，应从小就要求孩子说真话，不说假话；做错事时勇于承认自己的错误并能及时改正；不拿别人的东西，借别人的东西要还；做到言必信，行必果。只有这样，孩子才能成长为一个诚实守信的人。

七、成功学大师戴尔·卡耐基的成长教育
——在冬天里看见春天

·**➤➤➤ 点击经典实例**

戴尔·卡耐基，美国著名的成功学家、人际关系学大师，西方现代人际关系教育的奠基人，被誉为 20 世纪最伟大的心灵导师和成功学大师。他的著作向人们诠释了卡耐基成功帝国的神话，《人性的弱点》、《人性的优点》、《语言的突破》等几部著作在全世界都非常畅销，成为无数人为人处世参照的金科玉律。世界传媒大王默多克说："戴尔·卡耐基的这些原则如魔术般令人震惊，它改变了几亿人的生活。"与大多数人的成长经历不同，卡耐基的成才主要得益于他的继母。

1888 年 11 月 24 日，戴尔·卡耐基诞生于密苏里州玛丽维尔附近的一个小市镇。父亲经营一个小小的农场。家里非常穷，吃不饱，穿不暖。卡耐基小时候由于营养不良非常瘦小，头发也不是白种人那种美丽的金色，而是淡黄中略显灰褐，加上一对与头部不很相称的大耳朵，显得平庸和猥琐。也许正因为如此，幼时的卡耐基很少得到同龄人的喜欢，并且还经常遭到大家的戏弄和嘲笑，小卡耐基常常郁郁寡欢。无奈之下，小卡耐基只能经常自己跟自己玩，做一些调皮捣蛋的事情。所以，幼年的卡耐基并不是一个讨人喜欢的孩子，是大家公认的非常淘气的坏男孩。

一次，他把一只死了的兔子带到学校，趁别人不注意的时候，把这只兔子放进一个圆形铝桶，然后又不声不响地把这只桶放置在教室后面的火炉上。恰巧当

天老师讲授的是修辞学，女老师叫史密斯太太。她讲道，特殊而生动的语言修辞可以使人们从文字中看到形状，听出声音，闻出味道。话音刚落，一股肉香弥漫了整个教室。史密斯太太诧异地四处张望，却不知味道来自何处。

忽然戴尔站了起来，说道："老师，我知道这股香味从哪里来。"

"是吗，戴尔，快告诉我，这气味浓得让人难受。"史密斯太太紧捂着鼻孔，一副十分难受的样子。

"在我们这本书的第51页上，那上面写道：卖火柴的小女孩梦想到了烤鹅。"

"什么？什么？你住嘴！你这个捣蛋鬼！你，你——"史密斯太太气得脸色惨白、浑身发抖。

如此淘气的卡耐基，是如何走上正道的呢？他生母早逝，9岁那年，父亲在征得他的同意后，给他找了一个继母。然而，他虽同意了父亲再娶，但内心却不愿真正地接纳继母。因此，在继母第一天进门后，卡耐基对其投以不屑甚至厌恶的眼神。他的父亲向他的继母介绍卡耐基时说："亲爱的，希望你注意这个全社区最坏的男孩，他可让我头疼死了，说不定会在明天早晨以前就拿石头扔向你，或者做出别的什么坏事，总之让你防不胜防。"

出乎卡耐基意料的是，继母微笑着走到他面前，托起他的头看着他。接着又看着丈夫说："你错了，他不是全社区最坏的男孩，而是最聪明但还没有找到发泄热忱的地方的男孩。"

继母的话让很少听到有人夸奖自己的卡耐基心里热乎乎的，眼泪几乎滚落下来。就是凭着她这一句话，他和继母开始建立友谊。社区的人平时都把卡耐基视为最调皮的坏孩子，大人们总是批评讽刺他，并且告诉自己的孩子不要经常和卡耐基在一起。卡耐基的继母知道后，便对卡耐基讲了这样一个故事：一位父亲在冬天砍掉一棵枯树，到了春天，他惊奇地发现树桩上又萌发了一圈新绿。于是父亲对孩子说："当时我真的以为这棵树已经死了，树叶掉得一片不剩，光秃秃的枝丫也不断地往地上落。现在才知道，它看似枯死的躯干还蕴藏着活力。"接着，继母对卡耐基说："孩子，不要忘了这个故事带给我们的启示。对于处在逆境中的事物，绝不要事先得出消极的结论，更不要因为别人的看法和行为而阻碍了自己的活力和理想。耐心等待，冬天会过去，春天会到来。"

继母的话改变了他的人生，在继母的教育和指导下，卡耐基焕发了自己的"活力"。来自继母的这股力量，激发了他的想象力，激励了他的创造力，帮助他和无穷智慧发生联系，使他日后创造了成功的 28 项黄金法则，帮助千千万万的普通人走上成功和致富的光明大道。他也因此成为 20 世纪最有影响力的人物之一。

 收藏教育启示

一句话可以毁掉一个人的信心，甚至破灭他对生存的希望；但一句话也可以鼓励一个人从失落中走出来，或让人从新的角度认识自己，从此改变他的人生。所以在任何时候，父母千万不要吝啬说一句鼓励孩子的话，哪怕是孩子只做了一件力所能及的小事。因为一句话的力量对于孩子来说也许是很有限的，但它却可能帮助激发孩子的无穷潜能。这就像卡耐基继母讲的那个故事，给孩子的鼓励就是让孩子在冬天里看到春天。

在冬天看见春天，是一种智慧，但这种智慧往往被我们忽略。人生所遭受的心灵砍伐总是屡见不鲜的，而这往往从孩童时期就开始了。一有过错，家长就会发怒：你这辈子还能有什么出息；成绩不好，老师会指责：你怎么那么笨，难成大器……这些简单武断的否定，无形之中就扼杀了孩童与生俱来的天分，让本来很有潜力的孩子，过早就失去了活力，倒在自卑的阴影里。这与在冬天砍伐一棵树有着一样的道理。请记住一句忠告：千万别在冬天砍伐一棵树！

分享教子妙招

第一，多给孩子激励的话语。"良言入耳三冬暖，恶语伤人六月寒"。父母应善于观察和揣摩孩子的心态、处境，选择适当的机会有针对性地用"良言"温暖他、激励他：当孩子受窘时，说几句好听的话为他解围；当孩子沮丧时，用几句热情的话予以鼓励；当孩子疑惑时，用一些智慧的语言给他提个醒；当孩子自卑时，用鼓励的话语点亮他的"闪光点"，燃起他的信心。

第二，学会对调皮的孩子进行引导。顽皮儿童身上破坏性与创造性同时兼备，他们一般对事物有强烈的好奇心、浓厚的兴趣以及奇妙的幻想、活跃的灵感、出色的动手能力。但在没有一个稳定的兴趣爱好之前，这些心理特征一般都指向于与成人期望相反的方向。因此，将顽皮儿童天赋的能量集中引到健康、正规的渠道是家长的责任。很多顽皮儿童测出的智力水平都是优秀或者极优秀的，但这往往也成为他们刻苦学习或理解高深知识的障碍。造成这种障碍的原因主要有两个：首先，他们由于平时习惯了轻松地掌握知识，随着学习难度的加大，一遇困难就容易厌烦，不肯下苦功夫。于是，顽皮儿童容易养成浅尝辄止的不良学习习惯。其次，顽皮儿童多数精力太旺盛、注意力过于分散，虽然思维活跃、反应快，但同时思维的持续性也较短，这也对其取得良好的学业成绩带来了一定的困难。所以，一个相对比较稳定的兴趣爱好，对顽皮儿童养成良好的学习习惯是必要的。家长应该准确分析自己孩子智能的真正优势，从而因势利导，把孩子的聪慧引导到正确的兴趣领域。

八、胡适母亲的教子方法

——爱而有度，严而有格

·····➤➤ 点击经典实例

母亲管束我最严，她是慈母兼任严父。但她从来不在别人面前骂我一句，打我一下，我做错了事，她只对我一望，我看见了她的严厉眼光，便吓住了。犯的事小，她等到第二天早晨我睡醒时才教训我。犯的事大，她等到晚上人静时，关了房门，先责备我，然后行罚。——胡适《我的母亲》

胡适的这段话给我们展现了一位懂得如何教育孩子的母亲的形象，让我们看到了这位伟大的母亲在她的子女教育中站立的位置和持有的态度。胡适母亲的教育方法，对于今天很多为人父母者仍有许多值得借鉴之处。

胡适，现代著名学者、诗人、历史学家、文学家、哲学家，拥有美国、加拿大、英国等国家 36 个博士桂冠。他的母亲叫冯顺弟，23 岁守寡，一直守了 23 年，受尽了人生的痛苦和折磨，但却培养出了一位才华卓绝的儿子。胡适自己也说，母亲是影响自己性格及人生道路的第一人。母亲在胡适成长中的角色是"慈母兼任严父"。

一个女人带着孩子，生活虽然很艰难，但母亲为了让胡适学习好，为调动教师的积极性，她却给教师比一般人高出几倍的学费，她并且还向教师提出教法的要求。

胡母对儿子平日为人做事的要求更是严格，每天天明，她便唤醒儿子，披衣坐在床上，让儿子回忆头天犯过什么错误，说过什么错话。儿子反省以后，如果有错便要向母亲承认错误并表示了悔改，才能下床梳洗。胡适洗毕立即背起书包去学校早读，有时去得太早，教师还没有到，他只能在门口等待。读完了早课才回家吃早饭，然后再去上学。每天如此，9 年如一日。

胡适的父亲死得早，母亲不能不充当"严父"和"严师"的角色，实际上胡母是一位温厚善良的人，从不说一句伤人感情的话。她嫁到胡家，和丈夫前妻的儿子、媳妇、孙儿女们生活在一起，是一个难处的大家庭。在家中，每遇矛盾，她总是心平气和调解，对自己儿子总是教导他"忍让"。胡适成年后曾回忆说："在这广漠的人海里，独自混了 20 多年，没有一个人管束过我，如果我学得一丝一毫的好脾气，如果我学得了一点点待人接物的和气，如果能宽恕人，体谅人——我都得感谢我的慈母。"他在《四十自述》中写道："我母亲的气量大，性子好，又因为做了后母后婆，她更事事留心，事事格外容忍。大哥的女儿比我小一岁，她的饮食衣料和我的总是一样。我和她有小争执，总是我吃亏，母亲总是责备我，要我事事让她。后来大嫂二嫂都生了儿子，她们生气时便打骂孩子来出气，一面打，一面用尖刻有刺的话骂给别人听。我母亲只装作听不见。有时候她实在忍不住了，便悄悄走出门去……我母亲待人最仁慈，最温和，从来没有一句伤人感情的话。但她有时候也很有刚气，不受一点人格上的侮辱。"

胡适母亲对胡适既是慈母兼严父，又是"恩师"兼"严师"。胡适在《四十自述》中讲过这样一个例子："有一个初秋的夜晚，我吃了晚饭，在门口玩，身上只穿着一件单背心。这时候我母亲的妹子玉英姨母在我家住，她怕我冷了，拿了一件小衫出来叫我穿上。我不肯穿，她说：'穿上吧，凉了。'我随口答道：'（娘）凉什么！老子都不老子呀。'我刚说了这句话，一抬头，看见母亲从家里走出来，我赶快把小衫穿上。她已听见这句轻薄的话了。晚上人静后她罚我跪下，重重责罚了一顿。她说：'你没了老子，是多么得意的事！好用来说嘴！'她气得坐着发抖，也不许我上床去睡。我跪着哭，用手擦眼泪，不知擦进了什么霉菌，后来足足害了一年多的眼翳病。医来医去，总医不好。母亲心里又悔又急，听说眼翳可以用舌头舔去，有一夜她把我叫醒，真用舌头舔我的眼翳。"胡适母亲这种既严厉又保护其自尊心的教育方式，使胡适从小就懂得正经做人，爱惜名誉，这为他日后的不断上进奠定了基础。

 收藏教育启示

　　在儿女成长的道路上，中国传统的教育思想，多是在硬性灌输下被动等待孩子自行开悟。虽有强调因势利导的警句，但更多的是强调严格施教。包括学校老师在内，有时也是强势体罚，学生经常遭受戒尺打手掌之苦。这样的教育中也不乏成功的例证，但也有将孩子逼入绝境甚至酿成悲剧的可能。靠打骂、虐待的棍棒教育，有可能给孩子的心灵造成巨大创伤，使家庭对他们失去吸引力。因此，现在的家庭教育不再提倡这种教育方式，家教可以严格，但严格不等于棍棒！

　　父母关心爱护自己的孩子是人之天性。这种爱是培养孩子良好品德和行为的感情基础，是父母对孩子进行家庭教育的根基，没有这种爱，就谈不上教育，就难以达到好的教育效果，但爱而不教，管而不严，自然也达不到教育的目的。因此，家长在教育孩子时，要注意把关心爱护和严格的要求结合起来，做到爱而不溺，严而不厉。

分享教子妙招

　　第一，理智对待孩子的要求。孩子在成长过程中会有各种各样的物质需求，尤其是在物质生活很发达的今天，生活的富裕也给了孩子更多的外界诱惑。所以，对孩子的需求要具体分析，要以家庭的实际经济状况和有利于孩子的身心健康为前提，不能百依百顺，有求必应。过分地满足孩子的需求容易引发孩子过高的欲望，养成越来越贪婪的恶习。不过，对于孩子的正常合理的需求也要给予满足，如孩子要求给买一些有利于增长知识、开发智力、丰富精神生活的儿童书画及必要的生活、娱乐用品，家长应该尽最大能力给孩子提供最好的。家长既要积极为促进孩子的身心健康创造条件，也要教育孩子注意节约俭朴，防止养成挥霍浪费的不良习惯。

第二，对待孩子严格而厉害。有的人认为"严格"就是"厉害"，就是不听话就要打骂，赞成"不打不成才"的说法。这种观点就又回到了传统的"棍棒之下出孝子"的体罚教育。如果对孩子动辄打骂、训斥，孩子就不愿意接近父母。孩子如果对父母敬而远之或者既不尊敬又不接近，更不愿与父母交谈，这就很难取得好的教育效果。如果是"严"的出了格，就会走向反面，甚至是暴力。所以，父母对孩子提出的要求应合情合理，并且要符合孩子实际情况，在孩子力所能及的范围之内。否则，孩子就会在不断的挫折中丧失信心，不但起不到教育效果，还会对孩子造成伤害。

九、竺可桢的成长教育法则

——水滴石穿

·••▶▶ 点击经典实例

竺可桢（1890～1974），我国近代科学家、教育家的一面旗帜，气象学界、地理学界的一代宗师，我国近代地理学和气象学的奠基人。他学识渊博，在气象学、地理学、自然科学史等方面都有卓越贡献，许多研究都有重大创新，达到国际一流水平。竺可桢胸襟豁达开阔、治学严谨勤奋、待人宽厚至诚，堪称"品格和学问的伟人"。而这位伟人的一生一直坚持着一种精神——水滴石穿，这种精神源自竺可桢父母的家庭教育。

1890年3月7日，浙江绍兴东门外东关镇竺嘉祥家添了个小男孩，竺嘉祥高兴地给孩子起了个名叫兆熊，小名阿熊。可又一想，孩子应该有个学名才好。于是，他又找到镇上的私塾先生，商议了好久才决定阿熊的学名用"可桢"。先生解释说："桢"字的意思有两层，一是坚实的木头，二是古时候筑土墙立的柱子称作桢干。"可桢"就是将来可以成为国家栋梁的意思。竺嘉祥对这个名字很满意，他寄希望于可桢。

竺可桢5岁进学堂，7岁开始写作文。竺可桢写作文，常常是写了一遍，自己觉得不好又重新再写一遍，等到他自己认为满意了才停笔。竺可桢读书很用功，一天晚上，当他上床睡觉时，大公鸡已经"喔喔"地啼叫了。母亲怕累坏了他的身子，就常常用陪学的办法督促他早睡。竺可桢很聪明，有时随母亲睡了，可当他听到鸡叫时，知道天快亮了，又轻轻地爬起来，背诵老师教的国语课。

　　竺可桢不仅爱学习，还爱用脑子思考问题。家乡雨水特别多，屋檐上老是滴水，落在石板上发出"滴滴答答"的响声。竺可桢站在一旁数那滴答作响的水滴，数着数着，他像发现了奇迹，眼睛盯住石板出神，他心里纳闷：哎，这些石板上怎么有一个一个的水坑呀，水滴正好滴在小坑里。再看看另外一块石板，也是同样的情况。他立即跑去请教父亲。

　　竺嘉祥听了儿子的问话，由衷的高兴，耐心地向他解释说："小熊啊，这就叫'水滴石穿'呀！别看一滴一滴的雨水没有什么厉害的，但是，天长日久，石板就被滴出小坑了。"母亲把话锋一转，又循循善诱地教导："孩子，读书、办事情，也是这个道理，只要持之以恒，坚持下去就会有所成就的。"小可桢向母亲点了点头，牢牢地记住了母亲的话。

　　从此以后，"水滴石穿"的教诲成了竺可桢一生的座右铭。从小学、中学直到大学，他一直用这句话鼓励自己，学习成绩一直处于领先地位。1910年，20岁的竺可桢去美国留学，8年后，他获得哈佛大学博士学位回国，一直从事祖国的气象事业。竺可桢没有辜负父亲的期望，他终于成为一位知识渊博的科学家和很有建树的教育家。一生中他对气象、物候、地理、自然科学史等都做过精细的研究，均取得了辉煌成就。

 收藏教育启示

　　许多父母常常询问，用什么样的方法更适合教育孩子？其实，家庭教育与学校教育还有所不同，学校的教育还有相对固定的程式和时间，而家庭教育相对自由、随便，往往就在生活中，一件小事、几句闲谈，甚至某个眼神，一切教育都自然中发生。这样的教育，更容易为孩子所接受，也更容易影响孩子的成长。事实上，教育无非就是教孩子如何生活，因此，教育千万不要脱离生活成为说教，只有源于生活的教育才是最好的教育。竺可桢的父母从生活的小事中引导他养成"水滴石穿"的可贵意志，而这种意志则帮助竺可桢在一生中取得无数辉煌的成就。

无论是"水滴石穿"的故事，还是"铁杵磨成针"的故事，其实都是教育人做事情要有持之以恒的毅力。毅力是成才的重要因素。每个家长要切实把握培养孩子毅力的有利时机，不断探索培养孩子毅力的有效途径。一旦孩子具有了坚忍不拔的毅力，就能遇挫不折，遇险不惧，经得住各种考验，把想到的变为做到的，实现人生理想，成就一番事业。

分享教子妙招

第一，和孩子有个约定。孩子不能持之以恒的原因之一就是兴趣减弱。家长不妨在孩子对某个事情产生兴趣之后，就和孩子讲好，如果想学就一定要有耐心和毅力，任何事情都不是轻而易举可以完成的。比如，必须坚持上完一个学期的绘画课，写下来挂在墙上，并且教育孩子一定要遵守约定。为了更好地激励孩子坚持下去，也可以在约定中设置一些阶段性的奖励，以吸引孩子更快乐地完成约定。

第二，让孩子从小目标开始做起。父母要善于从小目标上开始培养孩子的毅力，如在学习上，不能泛泛地督促和考察孩子"坚持学习"，而要将目标具体化、数量化，可让孩子坚持每天写一篇日记，每天背20个单词等。随着每一天的坚持，孩子的信心就会增强，从开始的意志和毅力，变成了习惯。当孩子从中可以发现毅力的重要作用时，就不会恐惧较高些的目标，这时可以给孩子一些更高的目标。需要注意的是，目标不要太低，这样起不到训练意志力的作用；目标也不能定得太高，这样孩子很难达到，就会放弃，致使锻炼变成了打击。

第三，有意识地给孩子设置点障碍。父母应该让孩子知道，坚强的意志是磨炼出来的，越是困难的环境越能锻炼人的意志力。挫折对于孩子来说未必是件坏事，关键在于他对待挫折的态度。挫折是不可避免的，是锻炼孩子毅力的必经之路，父母要帮助孩子战胜内心恐惧，成为解决问题的能手。当孩子能够勇敢地一次次战胜挫折，孩子的顽强毅力也就形成了。

十、音乐"神童"莫扎特的成长教育
——父爱造天才

·····▶▶ 点击经典实例

　　莫扎特（1756～1791），是奥地利作曲家，欧洲维也纳古典乐派的代表人物之一，作为古典主义音乐的典范，他对欧洲音乐的发展起到了巨大的作用。莫扎特小时候被无数人誉为"神童"，他的许多作品一直是古典音乐中经久不衰的保留曲目。但是，莫扎特有如此成就是与他父亲的精心培养密切相关的。

　　莫扎特出生于一个音乐世家，他的父亲雷奥博是位优秀的小提琴家、作曲家和出色指挥，担任大主教宫廷乐师，是一位闻名世界的音乐大家。莫扎特的成功与父亲雷奥博重视对莫扎特的早期教育是分不开的，雷奥博看出儿子有优越的音乐素质，便采取了一系列早期教育措施。

　　莫扎特智能超群，自孩提时代就对乐曲产生了兴趣。他一听到音乐就用小手拍着。奇妙的是，他拍得很合拍，很有节奏感。

　　莫扎特的姐姐玛丽娅每次练习钢琴时，小莫扎特就在旁边静静地聆听。一次，当玛丽娅正聚精会神地练琴时，4岁的莫扎特走到姐姐跟前，乞求姐姐让自己弹弹她刚刚演奏过的那首曲子。玛丽娅亲昵地指着弟弟的鼻子说："看看你的小手，还不能跨过琴键，怎么弹琴呢，等你长大了再学琴吧。"说过她又继续练起琴来。

　　一天，全家用过晚餐，玛丽娅帮助妈妈在厨房里洗碗时，莫扎特就坐在钢琴上弹起来。雷奥博正在边喝茶边抽烟休息，听到琴声后，猛然站起来，惊喜地说："听，玛丽娅把这首曲子弹得简直妙极了！"话音刚落，玛丽娅就从厨房里走了出来。雷奥博呆住了，这是怎么回事呢？他立即爬上楼轻轻地推开门，哇，只见小莫扎特正在聚精会神地弹奏呢！惊喜之余，雷奥博给了儿子热情的鼓励和赞赏。于是，从 4 岁起，莫扎特就弹起了钢琴，拉起了提琴。莫扎特的接受能力极强，许多曲子只听一遍，就毫不费力地记住了。

父亲怕莫扎特负担过重，不想过早教他作曲。可是到 5 岁时，莫扎特看着父亲写乐谱，便也开始学着作曲。有一次，父亲走进莫扎特的房间，见他正趴在桌上，在五线纸上专心地写东西。他随手拿起一看，不禁吃了一惊。原来儿子在写钢琴协奏曲，而且写得完全符合规格。

一天，父亲创作了一首小步舞曲。他要儿子把这个乐谱送到剧院院长处去，并说明这是专为他女儿创作的。不料，路上一阵大风，把莫扎特手里的乐谱刮跑了。他一面哭着，一面追赶着到处飘荡的乐谱。乐谱没有全找回来，怎么办呀？莫扎特跑到小伙伴家里，借来笔纸，自己写了首乐谱送去。第二天，院长带着女儿来拜谢，说莫扎特父亲的舞曲写得太妙了，他还让女儿把舞曲弹了一遍。莫扎特的父亲听后惊呆了。他说："这不是我作的舞曲。"他转身问儿子："这首乐曲是谁写的？"莫扎特只得说出原委。父亲听后激动得流出了泪，一下子把儿子抱在怀里。

此后，父亲就开始教他难度较大的作曲练习。聪明加勤奋的莫扎特，在家里不是弹琴就是作曲。为了让莫扎特开阔眼界，少年成名，自 1761 年秋天起，父亲就带着 6 岁的儿子到奥地利首都维也纳演出。接着，又到德国、法国、英国、荷兰和瑞士演出。每到一地，都获得好评。7 岁那年，他在法国巴黎一个音乐会上，为一位著名的女歌唱家弹琴伴奏，只听她唱了一遍，就能不看乐谱，自由地伴奏，从头到尾一点不错。女歌唱家再唱一回，他又在琴上另选新的伴奏。每唱一曲，他的伴奏都变化无穷，和谐动听，听众惊叹不已。在奥地利首都维也纳，他们被皇帝请进王宫进行表演。

童年的莫扎特接受奖赏在鲜花、掌声和欢呼的背后，是艰苦的劳动和不懈的努力。莫扎特 11 岁便能指挥大型歌剧演出，并写成了第一部歌剧《阿波罗和吉阿琴特》。12 岁时指挥德国著名的乐队，名闻世界乐坛。13 岁时，便在萨尔斯堡任大主教宫廷教师。莫扎特被欧洲人称为"18 世纪的奇迹"。

 收藏教育启示

> 总括莫扎特的一生取得的伟大成就，天资聪颖、拥有音乐的好天赋是客观的，重要的还有音乐世家的家庭气氛。此外，其父亲的严格要求和认真培育也是莫扎特取得伟大成就的原因之一。家庭氛围有物质的、精神的，有显性的、隐性的。环境、氛围本身就是教育，教育必须要重视在一定环境与氛围中进行。良好的教育环境与氛围会对孩子产生耳濡目染的作用，对于身心均未成熟的孩子的成长有决定性作用。不过，一个好父母对孩子的影响同样至关重要。家庭是孩子人生的第一课堂。子女从父母那里获取最温柔、最纯洁无私的母爱和既严格又起着榜样示范作用的父爱，感受到家庭的温暖，感受到父母教育的力量，从而产生稳定感和安全感，并逐渐形成独立、乐观、自信的个性。

分享教子妙招

第一，营造言传身教的家庭氛围。欲教子者先正其身。家长的人格、品德、学识、情感，都对孩子起着潜移默化的影响。家长应完善自身人格，对子女的教育不仅要言传，更要身教。父母应做到乐观进取、勤奋学习、努力工作、热爱生活、情趣高尚（如看书、旅游、帮助他人），营造言传身教的氛围。要让孩子健康成长，做父母的就要从自己做起，以身作则，积极营造良好的家庭氛围，为孩子的茁壮成长提供沃土。

第二，在孩子面前回避家庭中的不和谐因素。在孩子成长的过程中，有些不利于孩子健康成长的因素尽量不要让孩子接触。比如，夫妻婆媳之间的矛盾争吵，谈论邻里同事之间的矛盾争斗等，当有孩子在场时，这些问题应该避免出现。此外，对社会上一些不正确的言论、现象应给予客观的分析、批判，帮助孩子分清是非、丑恶、善美，要求孩子对不文明的言行一定要不学不做。

十一、著名教育家黄炎培的教子之道
——鸡毛掸子上的人生道理

···➤➤ 点击经典实例

黄炎培（1878～1965），我国爱国主义和民主主义的杰出教育家、政治家和诗人。作为一个教育家，黄炎培十分关心儿女的成长，他的关心和爱都蕴含在对孩子的成长教育中。在他的精心教育下，他的儿女们得到了健康成长。他们与父亲之间的关系也深厚至极。

黄炎培对子女非常关心和爱护，但不许孩子们乱用钱。他和妻子也从来不乱给孩子们零用钱。而且要求孩子们花钱——要记记账。直到孩子上了中学，手中经常也是只有少量的钱，有一块银圆就是多的了。但是，对于孩子们帮助贫穷困难的同学，他们不仅不反对，有时还给一些资助。他们还教育孩子们诚实，不说谎话、假话和大话。

一天晚饭后，黄炎培看到几个孩子正在屋里做游戏，便独自走到楼上的书房里。他突然灵机一动，把一个鸡毛掸子故意扔在地上，然后冲楼下喊道："孩子们，赶快上楼来，爸爸有事找你们！"

听到爸爸的呼唤声，大女儿急急忙忙往楼上跑，她怕踩坏了地上的掸子，便绕了一个弯跑到爸爸身边。小儿子也不甘示弱，径直地往前跑，看到地上的掸子，猛地迈了一大步，得了个"第二名"。小女儿看到哥哥和姐姐已捷足先登，又不知发生了什么事情，三步并作两步地赶到屋门口，发现地上的掸子挡住了去路，一气之下用脚把掸子踢开了。

黄夫人不知道丈夫的用意，以为真有什么要紧事，也跟上楼来。她一眼看见地上的掸子，便弯下腰轻轻地把掸子捡起来，放回原处。

"爸爸，你找我们有什么事吗？"孩子们异口同声地问父亲。"为了掸子的事。"黄炎培很严肃地说。孩子们你看看我，我看看你，不明白父亲葫芦里究竟卖的是什么药。"刚才掸子在哪里？"黄炎培问。"在地上。"孩子们回答。"那么，是谁把它捡起来的呢？""是妈妈。""为什么你们就不知道把它捡起来呢？"父亲接着问道。孩子们沉默了。黄炎培语重心长地说："你们几个孩子不大懂规矩，看到东西乱扔也无动于衷，而你们的妈妈却能不假思索地就把它捡起来放回原处。看起来这是一件小事，却反映出你们在作风上与你们的妈妈有很大的差距。你们的妈妈长期操持家务，养成了勤劳的习惯，可你们却什么事情都依赖大人，这怎么可以呢？记得我小时候，不好好读书，你们的祖母在临终前把我叫到床前，痛心地对我说：'你看，有谁像你这样闲荡日子呢？公公怎样？婆婆怎样？爹爹怎样？农民们一个个忙得怎样？只有你，既不认真读书，又不好好做事，怎么对得起人呢？'这番话，我至今难忘。我希望你们也要记住祖母的遗训，从现在起就学着做家务，学会自己照顾自己，长大了才能为国为民做实事。"孩子们听着父亲的话，惭愧地低下了头。从此以后，孩子们都争着帮妈妈做事情，努力学着生活自理，各方面都进步得很快。

黄炎培先生曾给儿子写了一则座右铭："理必求真，事必求是；言必守信，行必踏实；事闲勿荒，事繁勿慌；有言必信，无欲则刚；和若春风，肃若秋霜；取象于钱，外圆内方。"前四句，他告诫儿子，做人一定要追求真理，不被纷杂的邪说所诱惑，以致误入歧途。中间四句是对儿子日常的要求。事闲的时候，最易养成慵懒的恶习，要警策自己，抓住时间，勤奋用功，切莫荒疏了学习；事忙繁杂的时候，易生焦急的情绪，一急躁就会因冲动而做出缺少理性的事来，一定要冷静沉着，切忌慌忙。说话算数别人就会相信，没有私欲就会变得刚正，理直气壮。最后四句，意味深长。他要求儿子对待同志和蔼可亲，像春风一样暖人；对坏人坏事像秋霜一样凌厉。结句用"古钱"外圆内方比喻，要求儿子外表随和，内里严正，养成谦虚谨慎的作风，不要锋芒毕露，盛气凌人。

黄炎培对孩子的成长教育不仅帮助了孩子的成长、成才，也成为他创作的教育著作时的重要理论来源。他的这些思想和方法成为许多父母育子时学习的宝典，也帮助更多的孩子在成长的人生路上获得了更多的快乐、成功。

 ## 收藏教育启示

黄炎培先生的教子思想和教子法都很值得我们学习。用正确的思想引导孩子，用具体的事例教育孩子，这样的家庭教育才能收到好的效果。作为孩子的第一任老师，父母所担负的教育绝不仅仅局限于知识方面，更重要的是教孩子怎样做人，学习人生之道。其实这方面的教育未必都是讲大道理，而寓于生活中的一些小故事小片断中，更有事半功倍之效。孩子的日常生活中蕴藏着丰富的教育契机，只要我们善于观察、捕捉，并运用得当，就可以取得良好的教育效果，教育落实到孩子的行为上并逐渐内化为品质。

其实，生活中经常会发生一些意想不到但很有教育价值的事情，只要抓住这些契机展开教育，要比一味地说教、唠叨更有意义，也会更有效果。

分享教子妙招

第一，家庭教育无小事，生活细节贵如金。"天下难事，必做于易；天下大事，必做于细。"生活的一切原本就是由一点一滴的细节小事构成的，细节决定成败。家庭教育更多的是生活教育、品德教育，尤其需要注意生活小事。比如，公共场合你大声喧哗吗？用过的东西你会放回原处吗？在家里尊重保姆的劳动了吗？说话算话了吗？在孩子面前吵架了吗？带着孩子过马路闯红灯了吗？……这些生活中看起来不值一提的小事做好了，对孩子都是无声的教育，孩子会从中受到教育和启发，积累起来就是良好的品质和习惯，那将是孩子一生享用不尽的财富。一些细枝末节的小事，对孩子的成长来说，可能件件都是大事。因为，每一个细节，连在一起就成了孩子的习惯，而正是这样一些细微的习惯，决定了孩子的人生。

第二，善于发现和开掘家庭教育中的细节。　家庭教育中有许多有待开掘的细节，孩子的一句话、一个表情，一个手势，甚至是一次低头沉默，都有可能成为让父母为之展开教育的重要细节。同样，父母对孩子的一句轻声问候、一个亲昵动作也会成为亲子沟通中最有效的强音，成为孩子一生都难以磨灭的记忆。只要我们的父母懂得如何在细节中塑造自己、塑造孩子，善于抓住每一次细小的教育契机，成功的家庭教育将不再是一句空话。

第四章
好榜样育出好孩子

一、影坛才女徐静蕾的成长道路
——父亲传授的做人之道

▶▶ 点击经典实例

徐静蕾被中国影坛誉为"四大名旦"之一，而且由于她出众的人文素质，又有"才女"之称。徐静蕾能取得"德艺双馨"的美誉离不开她父亲的细心培养。父亲徐子健一直教育她做事先做人，如果不懂做人之道，一切事情做起来都会很费力。父亲的语言教化加上身体力行，让女儿成为一个德才兼备的"邻家女孩"。

一次，徐子健下班回家检查女儿的作业，发现她没完成，便狠心地罚她重写两遍。可是这种惩罚的办法并不起多大作用。小静蕾总是能想出"妙招"来对付爸爸。比如，把前几天写的字拿出来骗爸爸说是刚写的。忙碌了一天的徐子健不可能记住女儿所有写过的字，"滑头"的小静蕾便往往能够得逞。

不过，"妙招"用的次数多了便被父亲识破了，当徐子健发现女儿的"小伎俩"以后，他想：仅凭严厉和粗暴是不能解决问题的。于是，他想了一个办法，就是当着女儿的面，一张又一张地、非常耐心地画制写大字用的米字格。小静蕾问："干吗要自己画？多麻烦啊！为什么不去商店买？"徐子健说："咱们家的经济条件不富裕，没有那么多钱去买米字格纸。再说，你练字爸爸陪你画米字格不是很开心吗？"

从那天起，徐子健无论多忙，每天晚上都要抽出时间陪在女儿身边画米字格，这使徐静蕾那颗幼小的心灵受到很大的震动。她虽然还讲不出什么道理，但觉得自己如果再不认真练习，就太对不起爸爸了。就这样，徐静蕾练习书法一练就是十几年，毛笔字写得有模有样，不但能为爸爸办的厂题写厂牌，而且还获得过"中日青少年书法大赛"的三等奖。

因为徐静蕾小有成就的毛笔字还闹出过笑话，徐子建原来做广告制作，在做室外广告的时候需要请人给大厦题字，如"某某大厦"、"某某中心"。请名人题字需要花很多钱，客户当然希望少花钱也能把事办好，徐子健一想正好女儿的字写的也不差，干脆让女儿写写试试。爸爸就把她写的字送过去，对方的一个业务员看完后，称赞说："写这字的人成熟稳重，得 50 多岁了吧。"另一个则说："不，我看得 60 多了。"徐子建心想："什么 60 多呀，才 13。"后来徐静蕾导演的一些电影里，片头的字都是她自己写的。

另外，在女儿做人处事的道德修养方面，徐子健非常注重言传身教，比如徐子健很有孝心。徐静蕾的奶奶一直跟他们生活在一起，每天回家，徐子健总是先到她面前，叫上一声"妈"，然后再脱外衣、放提包。每天晚上，他总要为她端洗脚水、捶背，照顾奶奶睡下后自己才休息。家里有一点好吃的，徐子健总会对小静蕾说："快，给奶奶送去。"尽管有时小静蕾馋得要命，但还是把好吃的先送给奶奶。开始奶奶总是把好吃的塞进孙女嘴里，徐子健发现后对老人说："妈，我知道您疼她，可是您应该把爱藏一半在心里。您可以把好吃的作为奖励，奖励她字写得好，活干得好。这样才是真正为孩子好呢。"奶奶明白了徐子健的用心，就一直配合他。

这样的教育方式除了让小静蕾在潜移默化中就将孝道印在了脑中外，更让她明白，任何事情都是没有最好只有更好，不能取得一点小小的成绩就骄傲，更不能因此而停滞不前，这也造就了她即使在成名后性格中依然保有那一份宠辱不惊。

为了让女儿从小就懂得谦逊待人的道理，徐子健更是以身作则。一次，徐子健急需一份资料，就打电话让厂里派一名工人送到家里来。那天，天降大雪，那名工人赶过来时，头发上、衣服上落满了雪花。徐子健赶紧上前亲自为他掸掉身上的雪花，并给他泡了一杯热茶，还一个劲儿地说："大雪天让你跑一趟，辛苦了。"见厂长这般对待自己，那工人连声说："厂长，这是我分内的事情，您对我们太好了。"这一切被小静蕾看在眼里，深深地铭刻在心里。徐静蕾成名后，一次，她所在的公司新来了一名职员，第一次见到大明星，小伙子赶紧上前为她倒茶。不想，徐静蕾立即起身接过茶壶，自己倒了起来，还转身为小伙子也倒了一杯。大明星不仅没有架子，反而为自己服务，这让小伙子感动了许久，以后他经常向别人提起这件事。

在很多人眼里，同现在那些俗气的"青春偶像"相比，徐静蕾给人的印象有所不同，她更亲切一些、朴实一些、清新一些、淡雅一些，气质也更"文化"一些。这一份文化与淡雅，这一份随意与清新，这一份自然与性情，就是爸爸徐子健在徐静蕾还幼年时就刻意为她送上的一份人生的大礼，护佑着她在人生的道路上走得更快乐，更成功！

收藏教育启示

孩子都有很强的模仿能力，因此，父母在孩子面前一定要注意自己的举止言行，当好孩子人生的"第一任老师"。童年时期会在孩子幼小的心灵中打上深刻的烙印，常常会让孩子终生难忘。孩子是一面镜子，他因为你个性的优点而闪光夺目，也因为你身上的瑕疵而黯淡无光。孩子有一个榜样，心中就有了一个目标。而父母是孩子的第一个榜样，用这个榜样去管理教育孩子比什么教育方法都有效。中国人把那种不像父母的孩子叫作"不肖之子"，"肖"就是"像"。因此父母千万不要对此掉以轻心，当好孩子的第一任老师，统一步调，协调立场，才能造就出一流的孩子。

分享教子妙招

第一，注意自己的说话方式 。有些家长在生活中常常口无遮拦，喜欢说"小孩子懂什么一边玩去"、"真后悔生了你这个儿子 "、"没出息的东西"、"考这么一点分，将来收废品去"等等。这些话语不但会深深伤害孩子幼小的心灵，还会让孩子渐渐养成"没有教养"的说话方式，影响和别人的沟通交流。如果有的家长有这种不良的说话习惯，希望要改变自己的说话方式，避免让别人说自己的孩子说话"没教养"。

第二，以身作则，教育让孩子学会关照父母。在现在的家庭中，独生子女在物质和精神方面都享受到最大的爱，但很多孩子只知道享受父母的爱，而不知道去爱父母。如果不能实现爱的双向交流，那么这种爱就是畸形的溺爱，只有把父母给予孩子的爱转化为孩子对父母的爱，这种爱才是理性的爱，才是升华的爱。只要父母以自身的行为施以积极影响，善于抓住时机正确引导，孩子的爱心就一定会逐步培养起来。父母应经常让孩子参加一些力所能及的劳动，只有在他们有了切身体验时，才能领会父母照顾他们的辛苦，从而知道体谅父母，尽自己的力量帮父母做事，为父母分忧解愁。知道爱父母的孩子才会有更多的爱心或同情心，从而去爱身边更多的人。

二、著名影视演员陈道明教子经验
——做知错就改的好爸爸

··━▶▶ 点击经典实例

陈道明，中国著名影视演员，国家一级演员，是中国影坛迄今最优秀的表演艺术家之一。有人说："他有深刻的思想，深厚的底蕴，深沉的内涵。"的确，陈道明是演员里读书最多的之一。他饱读诗书，季羡林赞他可胜任北大的研究生导师，与钱钟书是忘年之交。陈道明在事业和人格修养上都成为很多人心中的一个典范，在家庭中，他同样是个好丈夫、好爸爸。陈道明和妻子杜宪有一个漂亮懂事的女儿，杜宪和陈道明的感情一直很好，两人的事业也都非常红火，漂亮的女儿在美国也学有所成，这是一个演艺圈里难得的幸福美满的家庭。

由于工作繁忙，虽然小格格是陈道明与杜宪的掌上明珠，但陈道明在女儿年幼时却称不上是一个称职的爸爸，同样，妻子杜宪那时也不是一位称职的妈妈。因为工作关系，两人长期不在家，格格长到十岁，他们带她的日子加起来不会超过三年，小格格是在外公、外婆身边长大的。尽管格格不常在爸爸、妈妈身边，但爸爸妈妈对她的教育却丝毫没有放松过。相比较而言，当了影视公司董事长的杜宪，照顾格格的时间多些，她只要和孩子在一起，就会合理地安排她的学习和娱乐。格格也很懂事，一向听妈妈的话，但对爸爸，她有时却有一种"反抗"精神。

格格十岁那年春节前的一个星期天，陈道明、杜宪约了一些朋友出去吃饭。那天下午，陈道明和女儿一直谈笑风生，玩得很开心。陈道明担心影响孩子的学习，原先是不打算带格格去吃饭，但朋友们都说这大过年的，也该带孩子出去玩玩，别整天让孩子闷在家里，再者，看到有合适的衣服，也可给孩子买两件，过年嘛。陈道明接受了这个建议。临走前，他拿起一本书，问格格："这个字怎么念？"格格玩得正高兴，调皮地躲开了，不回答爸爸的提问。"格格，过来！"陈道明说。"就不。"格格笑嘻嘻地回答。"靠墙站着去。"陈道明不知为啥，突然火了起来。见爸爸火了，格格不敢再调皮了，乖乖地靠墙而立，眼里已经是泪汪汪的了。

为了惩罚，陈道明决定不带格格出去吃饭，让她待在家里和阿姨一起吃饭。在去饭店的路上，杜宪低声对陈道明说："这就是你的不对了，孩子不是跟你玩嘛！干啥当真了？"陈道明说："我说话，她不听，这不能迁就。"陈道明长年在外拍戏，每一年能和女儿待在一起的时间并不多，他对女儿的疼爱是很具体的。譬如有时间往家里打电话，总要听听格格的声音，回到家第一件事，就是抱抱他的小宝贝。但同时，他对她从不溺爱，对她的学习，甚至平时的言谈举止都格外注意引导，让孩子在各方面都形成良好的习惯。

然而，这一次对格格的"家法处理"，似乎是"执法有误"。在车上，朋友们一致对陈道明此举提出批评。陈道明回过头来一想，也觉着自己似乎是严过头了，让格格受委屈了。于是，车子掉头，又去接格格。

格格见到爸爸来接她了，水汪汪的大眼睛一下就红了，扑进爸爸的怀里。瞬间，这父女俩好不亲热。"爸爸，对不起，我错了。"格格说。陈道明心头一软："不怪你，格格，是爸爸的不对！"面对乖巧懂事的女儿，这位银幕上的硬汉子也愧疚地红了眼圈。

因为这件事，让陈道明明白了，"严父慈母"的教育方法是可以的，母亲牵挂得多一些，照顾得多一点；父亲原则性更强一些，在大的方面进行一些指导。但父母的表率作用一定要做好，一些是非对错的事情一定要以身作则，为孩子做好榜样。同时，父爱可以严格，但不能"太严厉"，否则很可能会"过犹不及"，使一天天长大的女儿感觉不到父爱，反而还有可能记仇了。不只是影响亲情，更会使孩子对家长有逆反心理。所以从此后陈道明一改严父姿态，和女儿交起了朋友。

 收藏教育启示

　　生活中，不少的父母认为自己是"一家之主"，需要保持自己的"形象"与"威信"，因此不愿意在孩子面前承认自己的缺点和错误。实际上，人类就是在不断地犯错误并且不断地改正错误的过程中取得进步的，所以，作为父母不妨也坦承自己的缺点或错误。只有勇敢向孩子承认自己的错误，并详细地分析主客观原因，尤其是分析自己的一些缺点在产生这种错误中所起的作用，孩子在今后的人生道路上才能不再犯类似父母犯的错误。

　　如果父母对自己的缺点或者错误"讳莫如深"，刻意地将自己"装饰"成完美的化身，在孩子面前隐瞒自己的过失，那么，所谓的父母的"光辉形象"对孩子的成长其实是一种误导。因为孩子必然以父母的"完美"为榜样，事事要求自己做到完美无缺，一旦遇到困难就会深深自责，甚至陷入不可自拔的境地。并且，父母在孩子面前隐瞒错误一旦被孩子知道，认为父母都可以隐瞒错误，自己也可以这么做，这样是不利于孩子的成长和发展的。

分享教子妙招

　　第一，改变自己的定式思维。很多家长总是认为自己有了一定的人生阅历，跟孩子相比，自己做的很多事情都是对的，觉得孩子小不懂事，认为孩子的思维比成人简单得多，从而不愿听孩子解释，认为孩子找借口。特别是孩子的话刺激到自己的不足时，让自己觉得没面子等。所以，在孩子面前，一定要改正这种思维定式，如果家长在孩子督促下改正了自己的不足，孩子会觉得父母很伟大，这样孩子会在父母的带动下积极改正自己的错误，努力去做一个好孩子。

第二，对孩子的批评要委婉。言语声调作为人际交往的一种工具，能表达人的思想和感情，不同的声调表达不同的情绪，声调不同也会使听者产生不同的感受。有些父母在批评教育孩子时大喊大叫，似乎不这样做就不足以产生威慑效果，甚至把孩子吓得浑身颤抖。孩子有缺点错误，父母对其及时批评教育，这是理所当然的，高声调的叫喊只会引起孩子的反感，对孩子造成心理上的伤害，加剧亲子间的紧张关系，收不到好的教育效果。用委婉的语气对孩子说话，容易缩短父子或母子间的心理距离，减轻孩子的心理压力和精神负担，减少孩子的逆反心理。因此父母在批评教育孩子时语气一定要委婉，声调要放低，这样才能使孩子在受到尊重的基础上接受父母的教育。

三、黄宏的教子方法
——以身示范，让女儿得到教育

···▶▶ 点击经典实例

1986年，身为沈阳军区文工团曲艺队队长的黄宏经朋友介绍认识了段小洁。段小洁毕业于辽宁省戏曲学院，在辽宁省群众艺术馆工作。黄宏对文雅秀气的段小洁一见钟情。1990年，新婚不久的黄宏在央视元旦晚会上表演了妻子段小洁创作的小品《超生游击队》，一举成名。不过，两人一直忙于事业而没有要孩子，直到1994年，段小洁生下女儿黄豆豆。

女儿年幼时，黄宏忙于创作和演出，经常不在家。不知从什么时候开始，豆豆喜欢上了电视上的歌舞节目，看得很入神，并不由自主地跟着扭腰摆腿、轻声哼哼。一天，黄宏回到家，见豆豆头上缠着红纱巾，梳着小辫子，拿着一把小扇子，正学着电视上《白娘子传奇》中的白娘子唱得津津有味。黄宏既好笑又着急，把女儿拉到跟前问："你为什么要学这个？"豆豆笑着说："好玩哪，这歌多好听，这白娘子多漂亮啊！"黄宏又问："那你的功课怎么样？"豆豆说："我的功课好着呢，老师天天都表扬我。"

从内心深处来说，黄宏实在不愿意女儿走他走过的路。他在艺术界摸爬滚打多年，深知这一行的艰辛。豆豆又是个女孩子，他真不想她将来吃尽苦头、遍体鳞伤。他把自己的担忧告诉段小洁："我只希望豆豆好好念书，将来成为有文化的人，做个记者，当个老师，怎么都行，就是别干演艺。"段小洁说："这也得看她自己的意愿呀！她还小，你就别管了！"黄宏急了："怎么能不管？她是我闺女呀！"

此后，黄宏刻意培养女儿的文化气质，给女儿报了美术班、英语班、作文班……只要让女儿不再将注意力放在表演上，黄宏可说是不遗余力。课余时间，段小洁只好马不停蹄带着女儿四处上课。

令黄宏伤脑筋的是，聪明的豆豆圆满完成这些学习任务后，依然有时间听MP3，跟着电视剧里的人物学演戏。有一年，学校举行"六一"节庆祝活动，豆豆自告奋勇参加演出。她在儿童剧《小树向阳》中扮演一个浇水的小女孩。黄宏特意去学校看豆豆演出。见豆豆一本正经地为那棵小树浇水，黄宏眼睛湿润了：自己 13 岁就当上文艺兵，也是因为心中那份挥之不去的对艺术的执着；如果豆豆执意要在演艺路上走下去，他无权阻挠。但他还是决定，自己要亲自为女儿做一次示范，让女儿亲眼看到这一行的艰辛，然后再由她自己选择。

演出结束后，黄宏把 8 岁的豆豆叫到身边，为女儿抹去脸上的汗水，慈爱地对她说："闺女，你演得真不错，比我还强！"豆豆高兴地说："我就说我行嘛！"黄宏认真地对女儿说："可做演员这一行是很辛苦的。爸爸就是演员，深知其中的艰辛：起得比鸡早，睡得比狗晚，吃得比猪差，干得比驴多。"

豆豆"扑哧"一声笑出声来，说："爸爸，您瞎说什么呢。我看您就不是这样的呀！"黄宏摇着头说："闺女，你错了，你爸爸就是这样的。爸爸在家的时候，有你妈妈照顾着，当然过得好，可到外面拍戏，就由不得自己了，啥苦都得吃，啥罪都得受。你要是不信，我就找个机会带你去见识见识。"豆豆高兴得跳起来说："爸爸，您可要说话算数啊！"

黄宏的这个决定是无比正确的，虽然他使过"诡计"阻挠女儿对演戏的热爱，但当他意识到女儿那种发自心底的对演戏的热爱后，果断地放弃了自己的成见。然而他又不是那种大撒手的作风，即使放宽了底线，他还是负责任地想将演艺道路上的艰辛先让女儿了解。他觉得这等于又给了女儿一次选择的机会，这才是一个负责的家长应该做出的行为。

2003 年，黄宏筹拍电影《阳光天井》。影片中有一个女儿的重要角色，为了寻找剧中那个天真可爱的女儿，黄宏试了很多小演员，总觉得不够自然真切。眼看着电影开拍的日子一天天临近，黄宏急得像热锅上的蚂蚁。一天，黄宏晚上回到家，一眼看见正在书桌前写作业的豆豆。孩子的专注神态吸引了他，这样子跟剧本里乖巧可爱的妞妞太像了。他试探着走到豆豆身边说："闺女，想不想跟爸爸一起演戏呀？"豆豆平静地放下笔说："想啊。"豆豆的冷静让黄宏乐不可支，他乐呵呵地说："闺女，高兴就跳起来吧，别绷着了！"豆豆果然一下子跳了起来，紧紧搂住了爸爸的脖子。

黄宏跟女儿约法三章：1. 在剧组里不许公开父女身份，只以普通小演员的身份进组；2. 一切听从导演，也就是爸爸的指挥；3. 无论遇到什么困难，都不许打退堂鼓。豆豆连连点头答应。

黄宏带着豆豆进了剧组，只有少数几个特别亲近的朋友知道豆豆是黄宏的女儿，黄宏还特别叮嘱大家不要公开豆豆的身份，免得大家顾虑多，工作不好开展。豆豆非常懂事，认真地按照爸爸的指点去做。好在她和黄宏在剧中就是扮演一对父女，一进组，副导演就要求豆豆，无论什么时候都要叫黄宏"爸爸"。副导演还怕豆豆觉得别扭，关切地对她说："没关系的，叫习惯就好了。"豆豆听了，差点儿憋不住要笑出来。

电影拍到一半时，正碰上豆豆要期中考试。黄宏给豆豆下了死命令：如果期中考试的成绩不理想，就别想再进剧组了。豆豆又要拍戏，又要抽空复习功课，累得病倒了，发起高烧，躺在床上起不来了。

那天，黄宏在片场等了很久不见豆豆，气得火冒三丈，让剧务马上把豆豆叫来。剧务这才把豆豆生病发烧的事告诉黄宏。黄宏一听就急了："你怎么不早说？"他急忙赶到豆豆的宿舍。一见爸爸赶来，豆豆硬撑着想坐起来。黄宏一把抱住女儿，心疼得眼泪都快流下来了，一连串地问："豆豆，你怎么这么傻！病成这样，怎么不告诉我？"豆豆虚弱无力地说："爸爸，我知道您想让我经受锻炼，我不能太娇气了。"黄宏伤心地说:"瞎说什么,傻闺女。让你经受锻炼不是让你发了烧也不看病。要是你病了也不管你,我这个爸爸就太矫情了。"

黄宏把豆豆送到医院,陪女儿看病打针,一直守在女儿身边。豆豆烧退了,她懂事地让爸爸回剧组去,因为那里有很多事在等着他。黄宏不忍离去。豆豆懂事地说:"爸爸,这段时间跟您一起在剧组里泡着,知道您真是太辛苦了。什么是起得比鸡都早,吃得比猪都差,我终于体会到了。爸爸,我以前可能不懂事,惹您生气了,请您不要介意。"

期中考试时,豆豆回到学校。考试成绩出来,豆豆数学竟然拿了满分。黄宏高兴极了,特别在剧组里为豆豆举行庆功宴。这时,剧组的人才都知道豆豆是黄宏的亲生女儿。黄宏让大家对豆豆做个评价。大家商量了半天,异口同声地说:"这孩子,最大的特点是不娇气!"

电影拍完了,豆豆回到学校念书。黄宏发现,自从拍完电影,豆豆更乖巧懂事了。老师有时候向豆豆问起黄宏的近况,豆豆就告诉老师,其实爸爸的工作很累,很辛苦,很不容易。老师打电话给黄宏说:"如今像豆豆这样能体谅父母的孩子可不多,你教得挺好的。"

《阳光天井》在全国公映后,广受好评。在第十一届北京大学生电影节上,豆豆获得第十一届北京大学生电影节儿童演员特别奖。黄宏带着女儿去领奖。他指着那个小金人说:"这是我女儿的奖杯。"又指着豆豆说:"这是我的奖杯。"

豆豆在演艺行业初获成功,黄宏以为女儿更坚定了从艺的决心,谁知豆豆却从此不提演戏的事了。黄宏纳闷地问豆豆:"怎么不想演戏了?"豆豆颇有深度地说:"我现在要好好读书,将来我要做比演戏更有意义的事情。"女儿的回答让黄宏喜出望外,心里庆幸自己选对了教育方法。

收藏教育启示

> 大教育家苏霍姆林斯基说："任何一种教育现象，孩子在其中越少感觉到教育者的意图，他的教育效果越大。"所以，我们的很多父母在对待孩子教育上，应去掉那些让人不快的"要求、命令、必须"等词语，而通过"示范、启发、暗示、商量"等形式来进行。带着孩子亲自去尝试，让孩子在切身体验中做出自己的选择，孩子会更乐于接受，更喜欢。
>
> 黄宏深得教育其中的三味，他在教育女儿的过程中，让女儿在自己体验中懂得了看清楚她所认为的演员光环背后的真相，知道了那份耀眼背后的得失。只有了解了真相，她之前所想象的美好的愿望和期待才会得到证实，她才不会再执着于幻想之中。天真的孩子在面对不了解的事物时，总是容易被华丽的外表所迷惑，所以会迷恋于某些事情。这种情况下，苦心的说教和强制的命令对沉迷的孩子来说作用都不大，只有让他们了解了真相，他们才会自动放弃自己错误的选择。教育孩子，有时候就需要家长带着孩子勇敢去尝试，去体验。

分享教子妙招

对于有些事情，当家长带着孩子去尝试或者学习做一些事情的时候，孩子可能会因为苦和累而浅尝辄止，所以，家长需要通过一些智慧的方法让孩子坚持到底。比如：

第一，采用做游戏的方式。孩子的特点决定了他对枯燥无味的事情没有兴趣，也不会坚持去做。因此，做父母的可以利用游戏的方法使他产生兴趣。比如，孩子玩完玩具后，孩子可能把玩具扔了一地而不想收拾，父母可以和他玩"把玩具送回家"的游戏，在玩具架上贴上各种玩具摆放的标记，请孩子把每种玩具送到相应的位置上。孩子会将这种劳动看成是游戏的一部分，每次玩完都将玩具归位。

第二，跟孩子一起比赛。父母可以与孩子比赛，比一比谁做得好、做得快。比如，吃饭时，为了让孩子把饭吃完，比比看谁吃饭的碗干净、不剩饭；孩子起床时，比比看谁的衣服穿得快等。这样可以激发孩子做事的兴趣以及要把事情做好的愿望。当然，当孩子把事情做好时父母应该适当地给孩子一些鼓励和赞扬。

四、主持人李静的育女故事
——陪着女儿一起长大

·➤➤➤ 点击经典实例

李静是中国收视率较高的《非常静距离》、《超级访问》、《静距离》等节目的主持兼制片人，她以其特立独行、率真、俏皮的主持风格，被喻为国内最具风格的主持人。李静的智慧、风趣、俏皮融入了她生活的方方面面，包括她对女儿的教育。李静的丈夫是著名音乐人黄小茂，两人有个8岁的女儿沐尔，女儿的口齿伶俐和妈妈有一拼，写起短信来又爱用文学词汇，风采不让词人老爸，并且画的画也是古灵精怪，老妈往微博上一晒，马上引来无数粉丝的赞扬。沐尔真可谓又一个"小李静"。

很多妈妈觉得让孩子乖乖吃饭不挑食是件很不容易的事情。可李静教沐尔吃饭，似乎没遇到什么难事。女儿吃面时用不好筷子，她就让女儿用手抓。李静大大咧咧地说："常常听到中国家长说，那个脏别摸，这个会弄脏衣服别碰，其实脏是最不用付出代价的事情，洗洗就好了啊。孩子的体验和感受才是最重要的，你让孩子像小冰棍一样站着，是不对的。"因此，她每次带小沐尔出去吃饭，就让她自己吃，随便用手还是用勺子，衣服脏了，就在包里带一套备用。

很多家长头痛孩子不爱吃蔬菜，对此李静也有妙招——她看到沐尔不爱吃空心菜，就自己吃一口菜，学一声羊叫，结果沐尔觉得很有趣，也跟着妈妈学，一口，两口，吃了好多空心菜下去。

　　从沐尔会爬开始，李静就喜欢跟女儿一起打滚儿，在家里爬来爬去。外婆本来觉得地上脏不想让沐尔爬，但她的一番话把母亲说服了："我现在这么爱摔跤，就是小时候爬得不够。"于是，母女俩有时再加上老爸，三个人一起在家里爬，大小三个顽童！

　　沐尔长大了，李静也喜欢带她去玩泥巴、捉蚂蚁、爬树，外婆刚想有意见，她又有理了："你不觉得小时候爱打滚的孩子，将来人际关系特别好吗？比如我。"李静小时候，和他们家那条街上的所有男孩摔过跤，还干过把虫子甚至蛇拿在手里，在乡下偷苹果翻墙头之类的事。"所以后来到了哪里都能适应那里的生活。如果老是这不让干那不让干，那是真空培养的孩子，谁喜欢跟他玩啊。"

　　女儿上学了，李静一有时间就去接她放学。这时她绝不肯穿平常的服装，"我一定要奇装异服，穿得像少儿频道主持人一样，这里一个角，那里一个球，然后躺在他们教室外面的草坡上，等孩子们放学。小朋友们看我躺在那里，都围过来看，抓我的头发，揪我的衣服，然后和我一起打滚儿，沐尔也特别开心"。和孩子们这样玩在一起，李静觉得特别减压，"每次玩过都像充过电一样"。

　　李静和先生黄小茂非常注意和孩子平等交流，把沐尔当大人看待，并注意当着她的面不讨论别人的是非，不讲贫富对比的话，注重孩子的人生观和价值观的教育。一次，沐尔跟李静说："妈妈，我同学家房子比我们家大，身上从上到下甚至内裤袜子都是名牌，是不是比我们家有钱？"李静笑着对女儿说："身上怎么可以都穿名牌？有两个地方绝对不能穿，一是短裤，因为那里要放屁，二是袜子，要被踩在脚下。"结果女儿笑死了。生活中的李静的确不爱给孩子买名牌，沐尔很多衣服都是网上买的。李静希望女儿将来应对别人向她炫耀名牌时，会像她妈妈一样幽默应对。作为妈妈的李静和作为主持人的李静基本上没有多大区别，率真、风趣、机智、幽默。李静正在把这一切传递给女儿，让女儿快乐地成长为一个"美丽俏佳人"。

收藏教育启示

　　有人说，人的一生都在寻找三个家园：生活、事业和精神的家园，这三个家园是激发个体强大生命力的源头，让人找到归属感。在正常的家庭中，孩子无疑是家庭的中心，父母们把较多的精力都用在孩子的教育上，并把教育好孩子作为生活很重要的一部分。因此，一个幸福的家庭、一个快乐的家庭教育对于一个孩子的成长来说是何等的重要。而这两样，李静的女儿都得到了。

　　孩子的成长需要教育，但孩子的成长同样需要陪伴，尤其是现在都是独生子女的家庭。在家庭里，孩子没有兄弟姐妹，如果父母再不充当另一个角色——朋友，孩子的生活将会是孤独的。他们很多时候需要有人陪着说话，陪着玩耍，陪着一起"疯"，这些都是父母在给孩子提供必要的成长教育之外应该给孩子的。只有既是孩子的好父母，又是孩子的好朋友，孩子的成长才会更加的快乐、幸福，父母的家庭教育才会达到更好的效果。

 分享教子妙招

　　在孩子的家庭教育中，父母应该学会融入乐趣，"寓教于乐"不仅仅适合学校的教育，更适合家庭的教育。

　　第一，学会用有趣的方式培养孩子的习惯。孩子的成长过程中需要养成一些良好的生活习惯，这些好的习惯是他们以后的人生取得成功的必要保证。因此，在培养孩子养成好的习惯的过程中，要学会创造有趣的方式，只有孩子乐意去做，孩子才能坚持经常去做。比如，让孩子每天自己穿脱衣服，叠被子。父母可以根据孩子的表现给他插一面小红旗，等孩子坚持到插满十面小红旗时，可以奖励一些小礼物，如图书、画笔、零食等。这样既可以培养孩子的自主能力，也可以使孩子养成良好的习惯和认真做事的态度。

第二，儿歌教育法。父母可以把希望孩子做的事情编成儿歌，一边说一边让孩子操作。因为儿歌是孩子最高兴听到的，会对孩子起到巨大的引领作用。比如，穿裤子可编成儿歌"两座山洞前边站，两列火车向里钻，呜的一声开过去，两个车头又见面"。孩子不喜欢穿衣服时，父母说了有趣的儿歌后，孩子会很高兴地自己去穿。另外，洗手、刷牙、吃饭等都可以编个儿歌，这样，孩子会非常喜欢接受父母的"儿歌教育"。

五、著名相声演员牛群的独特教子之方
——让孩子学会生存

··►►► 点击经典实例

在演艺圈内，相声演员牛群的儿子牛童是出了名的好孩子，他6岁就获得全国少儿计算机比赛第一名，11岁在全国奥林匹克数学竞赛中得了三等奖。牛群和夫人刘肃也是出了名的教子模范，自牛童出生以后，夫妻俩就把孩子的家庭教育放在了日常生活的首要位置，探索出了不少培养儿子的独特方法。

牛群36岁时有了儿子，那一年恰逢牛年，故给孩子取名"牛童"。儿子出生那天他在西藏演出。平日滴酒不沾的他，当晚却与别人干了18杯青稞酒，结果"连脚后跟都红了"。他说："喜酒不醉人。"牛群的爱孩子体现在对孩子一丝不苟的教育上。他常说："给孩子多少财富，不如给他竞争意识，给他百折不挠的精神。"

为了让儿子避免独生子女在成长过程中出现的各种问题，牛群出了个招儿，他把妹妹的儿子跟自己的孩子搁在一块儿养，他说："两个孩子搁在一块儿，既能淡化他们独生子女的优越感，又能把竞争机制引进家庭。"

妹妹的儿子比牛童大一岁，牛童叫他小哥哥。小哥哥语文成绩好，作文常在全校广播，因为他特别喜欢看课外书。牛童不爱看书，更怕写文章，小哥哥就笑话他。牛童爱面子，不得不经常抢着书本看，时间一长，也看上瘾了。牛童数学成绩好，尤其电脑学得好，第一次参加全国大赛就夺得三等奖。为了让两个孩子竞争，在计算机大赛前，牛群买了一些黄白扣子，黄扣子当"金牌"，白扣子当"银牌"；他又弄来两面小旗子，一面旗上画只牛，另一面旗画只鼠。因为两个孩子一个属鼠，一个属牛，牛群规定，谁赢了就升谁的旗，"鼠"哥哥得了"金牌"，升"鼠旗"，"牛"弟弟得了"金牌"升"牛旗"。比赛前几天，不用大人催，小哥儿俩一个赛着一个地起早。有一天凌晨3点，两个孩子就起床摸黑练计算机。这一年，小哥儿俩双双夺得全国一等奖，一人抱回一台电脑。

为了培养孩子良好的道德品质，牛群做了十几条规定，奖惩分明。比如说，儿子如不小心把电视机碰了，他可能和颜悦色地说儿子一句："下回注意啊。"可是如果儿子说了谎，他就毫不客气，必定声色俱厉，甚至要动点"武"。除了让孩子在德与智方面有优秀的发展，牛群还时刻关心孩子身体健康，让孩子的德智体得到全面发展。暑假期间，他推出一个"铁孩子三项"计划，规定每个孩子每天必须做到：跑步1000米，跳绳500下，游泳两个小时。小哥哥倒是高兴练"铁孩子三项"。牛童长得胖乎乎的，平时又不爱活动，一天跳绳500下，这可难为了他。开始一下也跳不过去，但不练是不可以的。经过一段时间的锻炼，牛童竟能一口气跳1012下，开学后一举打破了他们学校的纪录。

在教育儿子的问题上，牛群夫妇的想法一致：给孩子金山银山，不如给他一个好身体，一个良好的竞争意识，让孩子在复杂的社会中学会生存。另外，牛群平时很注意培养儿子俭朴的生活习惯。牛群在家中最小，牛童在他们那一辈中也是最小的。牛群是天津人，每次回老家时，亲戚都会互相给压岁钱。但是牛群不许儿子收压岁钱，也跟亲戚们说不要给他，牛群不想让儿子养成大手大脚花钱的习惯。从儿子三年级开始，他每个月只给儿子10元零花钱，儿子的文具都是他自己攒钱买的。这样的生活习惯让孩子从小就养成了勤俭节约的好习惯。牛童上学的时候，每天早晨用一个可乐瓶装一大瓶白开水到学校喝，几乎从来不到外面买饮料。他的一位老师曾惊奇地说："我真没有想到，牛群的孩子居然带白开水上学！"

收藏教育启示

　　真正的教育，绝不仅仅是讲道理、传授知识，更不仅仅是开发孩子的智力，而是把自己精神的能量传递给孩子，维护孩子的心力，让孩子成为一个内心强大的人，一个能承担后果、应对变故、改善自身和环境的人，一个能在各种的环境中成功生存的人。但时下有很多的教育观念和方法已经走向了教育本质的反面，与教育无关的诸多内容如出国、致富、成名等都成为一些家长为孩子设计的人生目标，这些压力通过少数人成功的神话，全部加在了学生、老师、家长身上，从而导致中国的家长太累，教师太累，孩子也太累。其实，牛群夫妇的教育理念非常值得一些家长学习，抛开那些世俗的观念，对孩子的教育应该是：给孩子金山银山，不如给他一个好身体，一个优秀的道德品格，一个良好的竞争意识，让孩子在复杂的社会中学会生存。无论是名人还是凡人，无论是身家上亿还是普通工人，无论是留洋海归还是普通高校大学生，只要拥有属于自己真正的快乐和幸福，其他的一切都是浮云！

分享教子妙招

　　第一，从小事做起，让孩子养成节约的习惯。美学大师朱光潜曾经说过"有钱难买幼时贫"，这并不是让孩子去过"苦行僧"的生活，而是为孩子创造俭朴的家庭环境，让孩子继承中华民族的俭朴美德，无论生活多么富裕，勤俭节约都应该提倡。首先，要在生活细节上养成节约的习惯，比如爱惜粮食、人走灯灭、一水多用、爱护衣物等；其次，在使用学习用品上要讲节约，不要因为写错一两个字就撕掉一大张纸，不要老是碰断铅笔芯等；最后，让孩子学会量入为出。父母要经常给孩子讲勤俭持家的道理，使孩子懂得一粒米、一滴水、一度电都是辛勤劳动得来的，让他们知道家庭的经济能力，这样他们就会自觉减少不必要的消费。

第二，让孩子了解生活艰辛的一面。现在的孩子从小生活在"蜜罐"中，很少有机会体验生活的艰辛，更不会有亲身的感受。所以，一个全面的成长教育应该让孩子知道生活不仅有甜，还有苦。家长并不是孩子永久性的自动取款机，因为父母会老、会死、会出意外、会下岗，因此必须让孩子学会自食其力，自立自强。并且，孩子将来长大也会遇到生活中的各种磨难。当孩子了解这一切，有了应对这一切的心理准备和身体素质时，他们才不会被生活的艰难击垮，才会在人生的旅途中乘风破浪，勇往直前。

六、著名主持人崔永元的成长教育

——实话实说，坦诚做人

·➤➤➤ 点击经典实例

　　大部分的观众认识崔永元是从中央电视台节目《实话实说》开始的，他也从这个节目开始而走上主持人的道路。虽然现在崔永元已经不再主持《实话实说》，但人们心中的他依然是一个"实话实说"的主持人。有人这样概括他的形象：潜藏在冷峻外表下犀利的批判，时常有"不经意"而来的经典妙语，缜密的思维和不动声色的引导，从容自信潇洒的风度。除了这些，崔永元还有他最为让观众称赞的一面，那就是一个实实在在的人。他的工作间里有着这样一副对联："说天说地莫若说真，话东话西不如话实。"真实和坦诚地做人，是崔永元一贯遵循的准则。崔永元成功的背后，是父母对他深刻地潜移默化的影响。

　　崔永元 1963 年生于天津，3 岁时，全家跟随父亲所在的工程兵部队迁往北京良乡，那片乡村里记载了他无数成长的故事。崔永元曾说，这一生对他最具有影响力的是他父母的爱。他把这爱打了一个精彩的比喻，他说：父爱就像日出，那样光明磊落，真挚情深；母爱就像月亮，那样温柔无私，慈爱无边。

　　小学三年级的时候，学校组织文艺演出，崔永元积极参加了群舞《地道战》，这个舞蹈构思很巧，20 多个学生手拉手在旋律中变换队形，忽而是地道的墙壁，忽而是运动的民兵，通过手与胳膊的组合，还出现堡垒和洞口等等。由于表演难度过大，只好不断调换演员，最终崔永元落选了。崔永元很难过，回家后一直闷闷不乐。当他的父母知道情况后，拍着崔永元的肩膀笑着安慰他：小小挫折算什么呢？并鼓励他说今后有的是机会。受到鼓舞的崔永元又报名参加了其他节目，最后竟然出演了压轴节目的主角，在歌舞剧《野营路上》中扮演部队指导员。

当时崔永元穿的是他父亲借来的军装，他父亲在部队当政委，借来的军装大概是小文艺兵的演出服，帽子太大，帽檐经常和眼睛不呈一个方向。不过这丝毫没有影响崔永元的演出热情。戏的结尾是高潮，群众让战士吃甜瓜，战士不肯吃，互相推让，僵持不下时，崔永元所扮的指导员迈上台阶，和战士们一起唱起一首歌：军队和人民／鱼水不能分／发扬好传统／永远记在心……

演出格外成功，于是节目就被推荐到附近的大队、部队、家属院巡回演出。到崔永元父亲所在的部队演出结束时，他的父亲作为政委走上台逐一和演员们握手，祝贺演出成功，当然也握了"指导员"的手。在崔永元的印象中，他们父子正式握手只有这么一次。跟父亲握手时，崔永元感觉父亲的手好重也很暖和，并从父亲赞许的目光中感受到了强烈的父爱，这爱是那样炽热，那样深沉……父亲是部队军人，做政治工作的。父母非常注重对崔永元的成长教育，尤其是教育儿子要做一个诚实的人，他们认为这是第一位的。不能说谎，不能骗人，不能去占人家的便宜。

父母在日常生活中非常注意自己的言行，通过言传身教来影响儿子的成长。崔永元家里曾经养了一只大花猫，一天早上，他发现大花猫守着两条大黄花鱼自鸣得意。崔永元就把这事告诉了妈妈。妈妈一看便知道鱼是花猫"偷"来的，于是带着儿子仔细查看，发现黄花鱼是大花猫从屋后墙外的国营菜市场叼来的。妈妈二话不说，就带着黄花鱼和崔永元直奔菜市场，说明情况后，把黄花鱼的钱付给了营业员。

父母不但诚实，而且非常善良。他们的一个邻居，脾气非常古怪，心胸狭隘，经常出口伤人。甚至她儿子考试没考好而崔永元考好了，也会令她不满，乱骂一通。为此，崔永元的母亲常常唉声叹气，但从来不会去和她争辩一句。通常是过了两三天以后，那个阿姨又来找母亲聊天，就好像什么事也没发生过。崔永元刚开始上学，他父亲在团里做政委，部队上经常有家属来探亲，有时候没地方住，父母就把他们接到家里来住，给他们做饭。看到父母的热情好客，孩子也受到影响。当妈妈把热汤面给客人端过去时，崔永元就把自己藏的苹果献给客人。

父母的榜样，使崔永元养成了善待他人、坦诚处世的好性格。工作后的崔永元也有心情不舒畅的时候，跟同事也会有矛盾，但他有一个原则，有话当面说出来，决不会在背后鼓捣。对你有意见，什么事儿看不惯，直接告诉你。现在，崔永元的父亲早已离休在家，母亲原在部队的家属工厂工作，如今也退了下来。但他们对待子女依旧像从前那样经常进行教育。他们都喜欢看崔永元的《实话实说》节目，也还经常给儿子提一提有关主持节目的意见。

 ## 收藏教育启示

如今的社会上有很多虚伪的人和事，很多人都戴着"面罩"生活，大家遗忘了中华民族的传统美德——真诚。真诚是立身之本，虚伪是祸事之源。一个人能否真诚待人处事，是判别他人品的重要方面，也是决定他人生和前途是否顺利的重要依据。因此，家长要教育孩子学会真诚和宽容。真诚待人是一座心灵之桥，它建立起了人与人之间的信赖。当人们通过这座桥的时候，自己心灵的大门也会随之打开，从而才能建立起人与人之间的携手并肩，合作共事。

孩子的心灵都是纯洁的，不知道如何与人相处，不知道社会的复杂，父母应该通过教育和自身示范让孩子学会真诚待人。父母要让孩子学会真诚，这样也就有了一种良好的生活态度，当孩子在面对世界万物和身边的人时才会心存感激，他内心所有的不满与积怨也才会消除，他眼里的世界不会有尘埃的存在，洁净而透明的心便是他的快乐所在。千万不要让孩子纯洁的心灵沾染上社会的污点，不要让一些不良的社会风气影响孩子的健康成长，父母要做好孩子的成长守护人。

分享教子妙招

第一，为孩子树立说真话的榜样。父母自己首先一定要说真话，为孩子做出榜样，无论在什么情况下都不撒谎、不虚伪，有什么说什么，说到做到，要让孩子看到父母为人处世的真诚。有些父母在孩子不高兴或是自己很高兴的时候，常常会"哄"孩子，给孩子开空头支票，许下很多并不准备兑现的诺言。父母也许认为这些都是玩笑话，不值得认真，其实这样很容易在孩子心目中留下"爸爸妈妈说话不算数"的坏印象，从而使家庭教育失去信任的基础，因为不被孩子信任的家庭教育是没有任何效果的。

第二，教育孩子说真话。父母是孩子最信得过的人，孩子听到什么事情或是想到什么东西都会统统告诉父母。在这个时候不管孩子说什么，父母都要认真、耐心地听完，即使孩子有些地方说错了甚至使我们不愉快，也不要发脾气，更不要应付、糊弄孩子，而要亲切地跟孩子交谈讨论，说出自己的心里话。如果孩子因为说真话在外面吃了亏，父母应想办法给孩子解释原因，明确表示支持孩子讲真话，鼓励孩子做一个真诚的人。

七、亚洲女飞人李雪梅的成长道路
——严格父母用爱为女儿加速

·••➤➤➤ 点击经典实例

1997 年 10 月，第八届全运会上，李雪梅一人独得 3 枚金牌，四破亚洲纪录；在 1998 年 12 月的第十三届亚洲运动会上，她虽然带病坚持比赛，仍然夺得 100 米、4×100 米两枚金牌，成为名副其实的亚洲飞人。飞人取得的巨大荣耀的背后是一条父母用爱为女儿铺筑的"起飞"前那苦涩而艰辛的"加速"之路。

1977 年 3 月 15 日，李雪梅出生在四川省广汉市连山镇沙堆村。父母看着女儿皮包骨的样子，高兴之余也有一种淡淡的忧伤：小孩子身体这么差，她能经得住成长道路上的风吹雨打吗？于是，父母给女儿取名为雪梅，希望女儿能够傲雪凌霜，顺顺利利地长大成人。

李雪梅的童年生活曲折多舛，身体单薄，经常得病，尤其是感冒总是隔三岔五地"光顾"小雪梅。也许是父母为她取名字时的祝福吧，小雪梅总能与一些大病"擦肩而过"。在李雪梅的成长记忆中，父母似乎对自己缺乏"爱心"，这一点从她蹒跚学步的时候就开始了。按常理，父母在教孩子学步时，总是将孩子搀扶着，直到孩子能稳稳地走路，他们才恋恋不舍地放开手，同时还会站在不远处随时准备着在孩子欲倒之时冲上前去扶一把。但是，李雪梅的父母却不是这样，在教她走路时，小雪梅刚会勉强走的时候他们就放开了手。所以，小雪梅常常被摔得鼻青脸肿，为此，父母也没少挨爷爷奶奶的骂，但父母却并未因来自外界的责难而改变对李雪梅的培养方式。当李雪梅能够在院子里比较稳健地走路时，妈妈又将她领到田埂上教她走路，小雪梅刚走几步，就重重地摔在坚硬的埂子上，并滚到一边的壕沟里。结果，小雪梅身上被摔得青一块紫一块的，脸也摔破了，鲜红的血一滴一滴地流了出来。见此情景，妈妈冲过来将小雪梅抱起，还一个劲儿地责骂她："怎么不长眼睛！"回家后，爸爸看小雪梅摔得"惨不忍睹"的样子，也心疼得不得了，责怪妈妈不该让女儿到坎坷不平的田埂上去学走路。妈妈却说："孩子是我的心头肉，她摔成这样子我怎么能不心疼呢？"那时，李雪梅幼小的心灵却对父母所做的这一切很不理解，父母咋对自己这么狠心呢？直到后来，随着自己一天一天长大，当自己在田径场上飞跑时，才知道父母对自己严厉的原因。

　　李雪梅在农村长大，农村跟城里截然不同，邻里之间无法以单元式的住房分开，而总是鸡犬之声相闻，邻里关系好则可亲如兄弟，劣则不如路人，一些鸡毛蒜皮之类的事也常常挑起相互之间的矛盾。爸爸曾任村干部，他在坚持原则的情况下难免得罪人。有一次因为扣了邻居家的钱，两家人从此结怨，本来就因生了儿子十分有优越感的邻居，常常指桑骂槐地骂李雪梅家没有儿子，将父母气得非常伤心。从此，李雪梅也明白了妈妈对自己严格要求的原因。因为妈妈也是女人，亲身经历了生活对女人的种种不平待遇，发现只有成才的女人才有地位可言。因而，她生了小雪梅和妹妹两个女孩子后，发誓一定要将她们培养成才。

　　在小雪梅刚满4岁的那年冬天，因为家里喂了十几只兔子，妈妈在忙农活的同时，每天都要抽出一段时间去割兔儿草，因此回家煮饭的时间总是没准儿，常常是邻居家早已吃过饭，而自己家却还未生火。一天中午，肚子饿得咕咕叫的小雪梅坐在家门口等啊等啊，始终没有等到妈妈的身影。不知等了多久，小雪梅感到一股热气拂面，一双有力的大手将她抱起来，"妈妈！"小雪梅睡眼惺忪地叫出声。"这么冷的天，怎么不到床上去睡呢？真不听话。"听了妈妈这句话，小雪梅伤心地哭了："妈妈，你只知道兔子饿，你不知道雪梅的肚子也饿……"性格倔强的妈妈泪水也如断线的珠子般掉了下来。

这件事过后，小雪梅原以为妈妈从此会准时回家来煮饭的，但是她并没有这样，反而在割兔儿草时将她带在身边，叫她一起割兔儿草。妈妈对她说，只有我们娘儿俩加快速度，割够那十几只兔子吃的草，才能回家煮饭。小雪梅知道妈妈是说一不二的，只有协助她尽快完成"任务"，才有可能提前回家。因此，小雪梅总是干得十分卖力尤其是在肚子饿得咕咕叫的时候，干得更起劲，哪怕她的小手在冬天的寒霜中被冻得又红又肿，她也没有懈怠过。一天，爸爸对妈妈说："雪梅叫我给她编一个背篓，说是跟你比赛看谁最先割满一背篓兔儿草。""那你就给她编吧！"妈妈说。"不，我不打算给她编。你看她的手冻得那个惨样儿，有些地方被草划伤后已经化脓了，孩子太苦了，我是不主张你带孩子出去受这个苦的……""孩子爱劳动本身就是一件好事，再说，孩子小时候苦一点有什么关系？如果不这样让她学会吃苦，今后长大成人怎么在社会上立足呢？"妈妈的口气是那样的坚定。

后来，虽然李雪梅视田径为生命，但是在她小的时候，她却对田径并不感兴趣，只是好动而已。她之所以走上田径的赛场，都是被父母"带"出来的。在李雪梅刚刚学会走路时，她走路的方式就与村里的小朋友有很大不同：别人是以"走"的方式前行，而她却是以"跑"加"跳"的方式前行，这种"没有学爬就学跑"的行走方式，当然是在父母严格的要求下进行的。并且，李雪梅善跑善跳的天性在很大程度上是从父亲那里遗传而来的。虽然父亲并不是专业运动员，但却有着一个不同于乡下人的爱好，那就是几乎每日清晨都要早起沿着村前的机耕道跑上一段路，以此锻炼身体。在李雪梅学会"跑步"以后，由于她的身体素质较差，父亲在跑步的时候，有意识地带着女儿，希望通过这种方式，增强女儿的体质。父亲怎么也没有想到自己竟然"带"出来个亚洲飞人。回首李雪梅成长的道路，父母的严格要求其实是为她铺筑了一条"起飞"前最重要的加速道，让她能够在这条道路上成功地起飞，飞得更快、更远。

收藏教育启示

在孩子的成长教育中，对孩子严格要求，也是一种对孩子的尊重。理想的教育是既给孩子充分的理解和尊重、关爱，同时又伴之严格的要求，甚至有必要的批评和惩戒。对孩子要"宽严相济"，"宽"是指在家庭中要创造民主的气氛，让孩子有思想的自由，有发表不同意见的权利，唯有思想自由，才能培养出健康的个性和创新的品质。"严"是指对孩子偏离正确轨道的思想和行为，家长要敢于和善于说"不"，并适时进行纠正，并且在适当的时候让孩子经受一定的吃苦磨砺。孩子就像一棵幼小的树苗，父母不仅要为孩子的健康成长提供适宜的土壤、养料和水分，而且要在其成长过程中进行不断的修剪，别除多余和无用的枝蔓，顺应孩子的个性、特长和爱好，孩子才能长成栋梁之材。

分享教子妙招

第一，培养孩子抗挫折能力。现在的孩子大多是独生子女，父母容不得孩子吃一点儿苦，当孩子在学习或者生活中遇到困难和挫折时，父母总是想包办代替，而不是引导孩子自己解决。因为缺少小时候失败和挫折的磨炼，许多孩子长大成人后往往缺乏独立生活的能力，在困难和挫折面前，要么畏首畏尾，裹足不前，要么自暴自弃，走向歧途。只有让孩子经历一定的挫折，在困难的磨砺中锻炼抗挫折的能力，才能成长为一个坚强的人，一个出类拔萃的人。

第二，培养孩子勇于承担责任的勇气。孩子在某一方面做错了，家长不要姑息迁就，要让孩子知道，做错了事情不是由父母替孩子承担责任，而是由自己承担，要通过自己的努力去弥补过失，在哪里跌倒就在哪里站起来。一个敢于担当的人才会充满自信，才会真正做到"失败是成功之母"，才会驾驭人生的航船驶向成功的港湾。

八、著名作家海岩的育儿法则
——让孩子在磨砺中成才

·━━➤➤ 点击经典实例

　　海岩，酒店高层管理人、高级经济师、教授、室内设计师、作家等多重职业身份兼具一身，先后创作出《便衣警察》、《玉观音》、《一场风花雪月的事》、《拿什么拯救你，我的爱人》、《深牢大狱》、《河流如血》等多部畅销小说和剧本，他的剧作捧红了陆毅、佟大为、印小天、徐静蕾、刘烨、孙俪等一大批新星，海岩因此而赢得了"星爸爸"这一美誉。可他的儿子侣箫为何"近水楼台"却"不得月"呢？原因就是海岩对儿子细心谨慎的成长教育，他希望儿子能够自己走出一条成功的道路。

　　海岩本名为侣海岩。1975 年，21 岁的海岩从海军航空兵 28 团退伍后，被安置到北京市公安局劳改局，当了警察。业余时间，他迷上了写作，成为"公安四才子"之一。1979 年，海岩与在工厂当会计的何菁菁相恋、结婚。第二年，儿子出生。给儿子起名字时，天性浪漫的海岩说："就叫侣箫吧，孩子是天上派下来的天使；而箫声优美动听，就像是天籁之音，'箫'谐音是'笑'，寓意儿子给我们带来天使的笑声。"

　　海岩是个"工作狂"、"写作机器"，一旦进入状态，势必冷落妻子。夫妻关系渐渐产生裂缝，他对此却浑然不觉。1995 年，何菁菁去了美国定居。当海岩收到妻子寄来的离婚协议书时，这才如梦初醒，但一切已为时太晚了。海岩理解

177

妻子：自己成天沉浸在工作和写作的世界里，对于妻子来讲，这个丈夫只是个躯壳而已，连跟她说话交流的时间都没有；她是有血有肉、需要与丈夫交流的人啊，这样的婚姻对于她还有什么意义呢？离婚时，15岁的侣箫读初中三年级。他追问海岩："爸爸，妈妈怎么就去了美国呢？她不回来了吗？"海岩看着身高快赶上自己的儿子，思绪万千：为什么许多婚姻解体对孩子造成巨大的创伤？那是离异的父母把离婚弄成了一个悲剧事件。作为父亲，自己一定不能因离婚而让儿子心灵蒙上阴影。他搂着儿子的肩膀走到阳台上，指着广袤的天空问儿子："箫箫，鸟儿注定要高飞对不对？""对。""你妈妈就是一只展翅的鸟儿，注定要选择更高更远的天空……""爸爸，你为什么不像妈妈一样飞？""我现在还不能飞，我想等你长大后，我们父子俩一起飞吧。"

从此以后，海岩暗暗发誓，不论多忙，一定要抽出时间和精力用在儿子的成长教育上。海岩喜欢把自己为人处世的一些原则写在小卡片上，时时自我警醒。对儿子的培养，海岩有一套深思熟虑的想法。在一张小卡片上，他写下这么一段话："老一辈人说：富养女，穷养儿……对儿子则要'银根紧缩'，让他多吃苦，多磨砺，才能成大器……"他把这张卡片压在书桌玻璃板下，作为自己的"育儿真经"。

海岩虽然心里很爱儿子，但他认为对儿子的爱绝不能用物质来体现和补偿。在单位，海岩年薪是50多万元；而他的小说、剧本是各大出版社、制片商的"抢手货"，每部书稿光版税就近100万元。有朋友开玩笑说海岩是一台白天黑夜连轴转的"印钞机"。可海岩生活非常节俭。海岩的皮肤光滑如丝，他从来不用时尚的洗漱护肤品，只用便宜的肥皂洗脸、洗手，甚至连沐浴也用这个。有一次，与几位商界朋友聚会时，朋友们问他皮肤保养的秘诀，当他说出自己的"养颜秘诀"就是用廉价的雕牌肥皂时，朋友们无论如何也不相信，说要打赌3000元，到他家印证。结果海岩赢了这3000元。海岩得意地跟儿子说："看你老爸，一块雕牌皂'赚'了3000块。勤俭能够生财啊。"父亲节俭，儿子当然也只能跟着过"穷日子"。

海岩经常在儿子面前"哭穷"。他告诉儿子：富人注重休闲、娱乐，你老爸没日没夜地工作，连吃饭、上卫生间、坐车时，头脑都没闲着；富人爱吃素，你老爸却爱吃大鱼大肉；富人大腹便便，你老爸却跟工地的打工仔一般精瘦；富人豪宅名车，你老爸住的是普通公寓，装修只是最简单的"四白落地"，车子是公司里配的；你老爸一个人干几个人的事情，没日没夜地工作，就是因为收入少呀……

在父亲的渲染下，侣箫一直认为老爸没多少钱，整天要为挣钱糊口劳碌奔波。有一天，班上同学问侣箫："你爸爸是干什么的？"他压低声音说："管饭店的。"同学问："有星吗？"他摇摇头说："没星。"

侣箫每天上学放学，不是挤公交车，就是坐地铁，无特殊情况决不会"打的"。有一天，海岩故意问他："箫箫，爸爸挣两份钱呢，足够你花了，你为什么这么节省？"侣箫说："老北京人都有一个习惯，那就是一分钱也要掰成两半儿花。我如果大手大脚花钱，就是对您的劳动不尊重。"海岩拍拍儿子的肩，满意地说："箫箫，你真是懂事了。爸爸对你很放心！"

侣箫长大后一心想做明星，但却遭到了海岩的反对，他对儿子说："爸爸知道你有艺术天赋，但是演艺圈与别的圈子不一样，这片江湖表面风光，可底下危机四伏、鱼龙混杂，水性不好的人很容易被淹没。"

侣箫却说："爸，我要像您一样，保持一颗明净的心，也就百毒不侵了。"

听到儿子的话，海岩无奈地说："人在江湖，身不由己。爸爸实在是不想让你进入这个圈子啊！"

交涉到最后，侣箫还是坚持自己的选择。海岩连连摇头叹息，最后同儿子达成一份"口头协议"：海岩同意侣箫去当演员，但侣箫不得借助海岩的名气来宣传、炒作自己；侣箫走自己的路，靠自己的努力去当一名好演员……

侣箫踏上演艺之路时，"海岩剧"红红火火，陆毅、印小天、佟大为、徐静蕾、苏瑾、孙俪、于娜等一大批新人分别在剧中扮演主角，很快就成了一线明星。在人们看来，"海岩剧"分明是造星工厂，谁只要有机会在里面"过一下堂"，立马就成了耀眼的明星，无数影视新人削尖脑袋都想出演"海岩剧"。有一天，海岩突然想起久未联系的儿子，到底是慈父心软，虽然跟儿子有过"君子协议"，但想到儿子在艺术路上艰难跋涉，海岩不免心疼，于是他打通了儿子的手机，问侣箫想不想在自己的剧中露一下脸。

侣箫不领情，他对爸爸说："我不迷信你这个'造星爸爸'。功到自然成，只要有实力，换了别的什么剧，照样能成名。"

"箫箫，你真的成熟了。爸爸对你有信心！"放下电话，海岩心里踏实了。那一晚，他想通了：儿子虽然选择了一条自己并不赞同的人生道路，但只要他脚踏实地去走，照样能活出他的光彩，自己作为父亲，应该尊重儿子的选择。

侣箫先后在《烈火金刚》、《曼谷雨季》、《守候阳光》等数部青春影视剧中扮演过小配角，一晃几年过去了，在圈子里他仍然默默无闻，独立行走在蜿蜒曲折的艺术路上。2004 年 5 月，海岩为新剧《深牢大狱》选角，明明觉得儿子适合扮演剧中男主角，却舍近求远，与导演汪俊一起找了半年，才在北京电影学院找到了毕业生周一围出演男主角刘川。从未拍过戏的周一围在《深牢大狱》中一亮相，很多剧组都抱着提前买个"绩优股"的想法，争着同他签约，结果他的片酬从每集 500 元迅速飙升至 3 万元。侣箫知道自己与"刘川"擦肩而过后，一点没有抱怨父亲，反而感激老爸给自己一片自由飞翔的天空。

通过自己不懈的努力，侣箫的演技渐渐得到了知名导演的认可，机会终于"盯"上了他。2005 年 5 月，中央电视台影视部和湖南"湘军文化"联合制作的 20 集电视剧《美丽村姑》在长沙市望月湖社区开拍，侣箫扮演男一号——一个憨厚、善良、朴实的打工仔。海岩知道后非常高兴，嘱咐他："拍片时要认真、投入，心中要有观众。"

后来海岩专门去片场看了儿子，谈话中他问儿子："这几年爸爸没怎么帮你，你不会怪我吧？"侣箫说："非但不怪您，反而特别感激。因为您没有用您的名气和关系来强行改变我的生活轨道，让我得以按自己的意愿去闯荡。我不需要抄近路、走捷径，多经历些坎坷和磨难，等我有收获时，我会觉得这是完全属于我自己的果实。"看着儿子那张青春而自信的脸，海岩赞赏地点着头。

侣箫感受到，在自己的艺术之路上，父爱是促使自己奋进的精神力量。而海岩则有更深层的考虑，他准备待侣箫演技炉火纯青之时，就从董事长的位子上退下来，与儿子一起开一家"父子专卖店"，招兵买马，自编、自导、自演，打造里程碑式的经典影视作品。到那时，他就会满面春风地说：多年父子成兄弟，踏平坎坷成大道！

 ## 收藏教育启示

　　每个孩子都是一个独立的个体，他的独立性就在于是一个区别于其他的个体而存在，他有自己的思想、观点、看法、为人方式和处世准则。每个人都渴望，从古至今无数人为了自由艰苦奋斗，因为意味着一个真实的个体的存在，这种存在完全是由自我决定的，是不附属于任何人的。不能自主的人是可悲的，是丧失自我的悲剧性人物，这样的人很难在社会上立足，更不要说取得成功了。所以，要想孩子长大后能有一个成功的人生，就应该认识到孩子的独立性，培养孩子自主的意识。培养自主的意识应该从孩子时期开始，这是每个孩子的家庭教育所不可或缺的。

　　孩子不可能一辈子在父母的翅膀下生活，也不可能一辈子拄着拐杖行走，他总有一天要离开父母走向社会，走向独立自主的生活。因此，"授人以鱼不如授人以渔"，父母为孩子提供的不应该只是囊中的美食、身上的衣服、温暖的房间，而是走出家门、融入社会、应付形形色色的人和事的能力——学会自己去生活，这是"开启成功之门的钥匙"。

分享教子妙招

第一，父母应该舍得对孩子放手，给孩子走到外边、走出父母的"掌心"的机会，让孩子学会自己面对生活，遇到困难的情况时依靠自己的才干和能力妥善解决。当然，孩子的能力毕竟有限，有时父母还是应该提供一些基本的帮助，但应该只限于复杂的、孩子真的不能自己解决的需求。

第二，培养孩子自我安排时间的能力，如果孩子能够科学合理地安排自己的时间，就会科学合理地为自己的生活作出计划，为自己的人生做好规划。当孩子能够为自己的日常活动制定不依附于父母或其他人的规则或标准，这样的孩子就是一个自主能力较强的孩子。因此，家庭教育中，要让孩子学会做一些时间安排、活动安排、学习安排等计划，做一个生活节奏科学、规律自主的孩子。

九、著名画家李苦禅的教子之道

——先有人格，才有画格

➡➡➡ 点击经典实例

李苦禅先生（1899～1983），是我国当代著名的国画家和美术教育家。他的画笔墨雄阔、气势磅礴、自成风貌，堪称当代中国画一代宗师。他是一个性情直率和充满正义感的爱国志士，他又是一个深受禅宗佛学思想影响的智者，古老的东方智慧使他对艺术对人生有更深邃的感悟，这些使他的绘画具有更丰富的内涵和喷涌不息的活力。李苦禅高尚的人格修养不仅仅提升了他艺术的造诣，也直接影响了他的儿子。在他的影响和教育下，儿子李燕也在画坛脱颖而出，并且有很高的人格修为。

李燕在成长过程中，受到父亲影响也迷上了绘画。对于儿子的选择，李苦禅经常对儿子说："人，必先有人格，而后才有画格；人无品格，下笔无方。秦桧并非无才，他书法相当不错，只因人格恶劣，遂令百代世人切齿痛恨，见其手迹无不撕碎如厕或立时焚之。据说留其书不祥，会招祸殃，实则是憎恶其人，自不会美其作品了。"

李苦禅自己说到做到，率先示范。抗日战争时期北京沦陷后，伪"新民会"妄图拉拢社会名流为其装点门面，派人来请李苦禅"出山"："您要答应了，有您的官做，后头跟个挎匣子（枪）的，比县长还神气哩！"李苦禅不为所动，凛然拒绝。此后，他断然辞去教学职务，以卖画为生。"七七事变"后，李苦禅虽身居沦陷区，但广结志士，暗抗敌奸，拒伪职、陷囹圄、抗逼供、忍酷刑，激浊扬清，一身铁骨铮铮、浩然正气。

父亲的言行，儿子看在眼里，听在耳里，记在心里，化为行动。"文革"结束后，有天，李苦禅叫来儿子，说有关部门通知前往认领散乱的查抄物品。他对儿子再三叮嘱："上次叶浅予和陆鸿年把错领的那些东西都退给咱们了。这正是看人心眼儿的时候，咱们要错领了，也归还人家啊！"也正让李苦禅说着了，在李燕领到的"杂画一批"中发现，一卷20件黄宾虹的未装裱之作，还有二三件书有李可染的上款。李燕牢记父亲的叮嘱，当即交还工作人员，并立即通知李可染。李可染见心爱之物璧还，喜不自胜。李苦禅听说后，也非常高兴。后来友人跟李燕开玩笑说："何不趁此跟那位李先生讨幅牛？"原来李可染画牛是出了名的。但李燕连连说："物归原主是自己应该做的！"父亲的品格教育直接影响了儿子的为人处世。

"干艺术是苦事"，李苦禅教育儿子从艺不是轻松容易之事，而是"先苦其心志，劳其筋骨，饿其体肤"。他对儿子说："干艺术是苦事，喜欢养尊处优不行。古来多少有成就的文化人都是穷出身，怕苦，是出不来成就的。"接着，他给儿子讲述自己的从艺过程，说："我有个好条件——出身苦，又不怕苦。当年，我每每出去画画，一画就是整天，带块干粮，再向老农要根大葱，就算一顿饭啦！"在父亲的启发教导下，李燕也不怕风吹日晒，不畏跋山涉水，长期坚持野外写生。经过艰辛的努力，李燕也取得了一番成就。

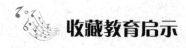

收藏教育启示

有教育家指出："有比快乐、艺术、财富、权势、知识、天才更宝贵的东西使得我们去追求，这极为宝贵的东西就是优秀而纯洁的品德。"这是对人格重要性的最好诠释。我们培养的孩子无论将来做什么，成就大小，他首先必须是一个"人"，是一个合格的公民。这是为人父母首先要考虑的。因此，培养一个有德行的人应成为家庭教育的首要目标。

孩子是父母的延续，在孩子人格形成过程中，比管教、训斥更为重要的是营造温暖的家庭气氛，只有让孩子在充满爱和安全的环境下，才能使其天性更好地发挥，使其身心得到健康成长，才能培养孩子健全的人格。做人教育是家庭教育的灵魂，抓住了对孩子的做人教育，就是抓住了家庭教育的纲，纲举则目张。在教育孩子方面，做人教育应该摆在第一位，首先要把孩子培养成一个具有良好的道德品质和健全人格的人。

古人云：蒙以养正。意思是说幼年时期良好的教育对一个人日后的健康成长起着至关重要的作用。家庭作为"人之初"的启蒙教育，不仅担负着开启孩子智力的任务，也担负着开启孩子品德的任务。贝多芬曾告诫后人："把德行教给你的孩子。"让孩子"学会做人"，做一个高尚的人、一个堂堂正正的人、一个有德行的人，应该是每一个孩子的家庭教育所应达到的终极目标之一。

分享教子妙招

第一，教育孩子注意日常礼节，生活中的小事才能更好体现一个人的道德素质。众多溪流汇聚才能成为大海，只有先把身边小事做好，才能成为一个品格高尚的人。比如，看见师长要主动打招呼，上下楼梯遇到长辈要主动让道，让长辈先行；餐桌上的礼仪为，先请客人或长辈吃，然后晚辈才能动筷子；在公交车上主动让座，扶老人上台阶、提东西，帮迷路的小朋友找家人等都是做人教育的重要组成部分。

第二，教育孩子做人还要有"十心"。教育孩子学会做人，就是要教育孩子做一个具有孝心、感恩心、同情心、自尊心、诚心、恒心、进取心、宽容心、自信心、责任心的人。因为自尊心、进取心、恒心、自信心是保证孩子的个体自身和谐成长必须具备的重要的道德品质和心理品质；孝心、感恩心、同情心、宽容心、诚心、责任心则是保证孩子在与他人、与集体、与社会、与自然和谐相处的社会化过程中，应当而且必须具备的重要的道德品质和心理品质。教育孩子学会做人——做一个富有爱心、胸怀大度、乐观向上、勇于负责的人，是家庭教育的重要任务。

十、居里夫人的教子方法
——给孩子传递精神财产

⟶⟶ 点击经典实例

居里夫人是举世闻名的女科学家，与其丈夫共同发现了放射性元素镭。她两度获得诺贝尔奖，成为全球第一个获此殊荣的科学家，也成为世界上第一个面对如此众多男性科学家而独享如此辉煌的女性。但是，居里夫人创造的奇迹远不止这些。1935年，她的大女儿伊雷娜又跟她这位伟大的母亲一样而获得了诺贝尔奖！一个母亲在自己两获诺贝尔奖之后，又将一个女儿推上了领取诺贝尔奖的红地毯，不仅成了镭的母亲，而且更是成了诺贝尔奖获得者的母亲！居里夫人在人生事业和对孩子的教育上都取得了伟大的成绩，女儿伊雷娜的成功绝不仅仅在于她的天赋，更是居里夫人精心培养的结果。

居里夫人的小女儿艾芙·居里在《居里夫人传》里提到了母亲对伊雷娜的教育，从伊雷娜诞生时起，居里夫人就"决意要把爱情、母职、科学三者一起对付，而且绝不敷衍应付"。在女儿两个月时，居里夫人写信给自己的父亲说："我仍亲自给我的小女王喂奶，但是近来我们很怕不能继续让她吃我的奶了：因为三星期以来，这个婴儿的体重突然减轻了。……如果这个孩子的体重能照常增加，我就继续喂下去。不然，我就要请个乳母，虽然要多费钱而且会使我难过，也顾不得了，我不愿意为了世界上任何事情而阻碍我孩子的发育。"

在一本灰布封面的学校笔记本上，居里夫人像做实验一样每天记载小伊雷娜的体重、她的食物和乳齿的生长情况。在伊雷娜快一岁时即 1898 年 8 月 15 日，居里夫人这样记着："伊雷娜长了第七颗牙，在下面左边。不用人扶，她可以站半分钟。三天以来我们在河里给她洗澡，她哭，但是今天（第四次洗澡）她不哭了，并且在水里拍手玩……"

伊雷娜稍大一点，居里夫人就给她请了家庭教师。居里夫人对孩子的家庭教育有她自己的主张，孩子们每天先做一小时的智力工作和体力劳动，她总是力求使这些工作能引起她们的兴趣。功课一完，两个女儿就被带到外面去。不论天气如何，她们总要步行很长的路，并且进行体育活动。居里夫人还教她们学园艺、雕塑、烹调和缝纫。居里夫人从不鼓励孩子们做杂技式的冒险，但是要她们大胆、勇敢，永远不许怕黑，不许在雷雨的时候把头藏在枕头底下……

伊雷娜到了上学年龄，居里夫人觉得孩子这个时候正是应该活动和跑路的年纪，把她们关在空气不好的课堂里耗去很多没有效果的"上课钟点"简直是一种野蛮。她在写给姐姐的信上说："我常有这种印象，觉得把孩子们关在现在这种学校里，还不如索性淹死他们。"

但是，居里夫人之所以能让伊雷娜成功，其最根本的原因在于无形中的熏陶和教化，在于她时时刻刻从心底里流淌出的对孩子的成长教育。居里夫人无形中的人格教育对孩子产生着重要的影响，正如她的小女儿艾芙所说的："有几件事永远印在我们的心上了：对于工作和爱好（我的姐姐在这一点上比我要强一千倍），不热衷于钱财，以及喜欢独立的本能。这种本能使我们两个都相信，我们在任何环境之下，都应该知道如何处理一切，不须倚仗别人帮助。"

居里夫人的生活中处处都彰显着伟大的人格和高尚的精神，她时时刻刻给孩子传递着那些宝贵的精神财产。

居里夫人一生淡泊名利。有一天，爱因斯坦来她家做客，看见她的小女儿正在玩弄英国皇家学会刚刚颁发给她的金质奖章，便惊讶地说："夫人呀，得到一枚英国皇家学会的奖章，是极高的荣誉，你怎么能随便拿给孩子玩呢？"居里夫人笑了笑说："我是想让孩子从小就知道，荣誉就像玩具，只能玩玩而已，绝不能看得太重，否则就将一事无成。"

在丈夫居里罹难后，政府提议给一笔国家抚恤金，但是居里夫人不假思索地拒绝了："我不要抚恤金。我还年轻，能挣钱维持我和我女儿们的生活。"从第一次世界大战开始，居里夫人同伊雷娜一直奔波于国内外各地，指导各地X射线照相工作，配合战地救护。居里夫人用她那渊博的放射学知识，亲自创设并且指导装备了20辆X光汽车和200个X射线室，这220处固定和活动的设备，所救助的伤员总数超过100万。没有司机，居里夫人就自己开着改装的X光汽车，颠颠簸簸地在极坏的道路上行驶；车轮坏了，她就用力压千斤顶换上新的。

所有这一切，伊雷娜跟随母亲，无时无刻不在接受母亲的教导。尽管在言教上，居里夫人可能并不是一个好的教育理论家，但是，她作为一个伟大的科学家和母亲，却把人生中最至关重要的灵魂连肉体一同交给了孩子。她通过一个母亲的纤纤细手，从孩子出生时起就从她的小嘴里将人生的意义、人生的信念，细心地喂进去，然后经过孩子的肠道、血管、静脉，到达灵魂的深处，直至最后让孩子燃起熊熊的人生之火。她通过自己的一举手、一投足、一颦一笑影响感化孩子，她让孩子在自己的身边，随时让她们同自己一同去经历那壮丽的人生美景和残酷的人生命运。她将一个伟大科学家的智慧同一个伟大母亲的天性发挥到了极高处，从而才能克服这些常人难以想象的苦难，取得人生、事业的极大成功。同时，她也把这些伟大智慧和人生财富传递给女儿，让女儿续写了自己的伟大和辉煌。

 收藏教育启示

　　在世界名人对其子女进行家教中，居里夫人是唯一把女儿培养成为诺贝尔奖获得者的一位。因为她从小培养孩子独立自主的人格，强化体魄训练，锻炼意志和力量，特别是她成功地发掘了两个女儿的天赋，而最终使她们成为杰出人物。

居里夫人对女儿的爱，表现为一种有节制的爱，一种有理智的爱。她对女儿生活上严加管束，要求她们"俭以养志"，她教育女儿说："贫困固然不方便，但过富也不一定是好事。必须依靠自己的力量，谋求生活。"因此，她的两个女儿从小就懂得勤俭节约，自力更生。居里夫人教育孩子要有理想，脚踏实地。她告诫两个女儿，不应该虚度一生，而应该树立一个为之奋斗终生的理想，才会为之努力，才会涌现无比的热情和力量，才会有所贡献，有所成就。两个女儿在这位伟大母亲的言传身教下，也成了世界闻名的杰出人才。在对孩子的成长教育上，居里夫人是一个值得大家永远称赞、学习的伟大母亲。

分享教子妙招

第一，鼓励孩子树立远大的志向。一个人有了理想，才有为之奋斗的目标和动力。理想是孩子人生道路上的明灯，只有在理想的感召下，才会不断攀登新的人生高度。理想是人格的核心。理想是通过父母、老师、社会的启发引导，在孩子的内心逐渐形成的一种自觉追求。作为父母在家庭教育过程中要做的是引导孩子认识自己、找到自己并最终超越自我，实现自己的理想与追求。

第二，用名人的例子激励孩子。父母教育孩子的方式有很多种，用名人作榜样激励孩子主动学习是很重要的一种方式。在名人的故事中，父母可以用生动形象的人物细节或是事迹告诉孩子，使孩子的心灵受到感动，思想获得升华，从而在以后的学习生活中用名人的事例来激励自己。父母要有意识地激励向名人学习，学习名人身上的意志力、优秀品质、学识和才华。只有这样，孩子才有可能成为优秀的"名人"。

十一、宗圣曾子的教子故事
——做言而有信的父母

▶▶▶ 点击经典实例

　　曾子，姓曾，名参，字子舆，汉族，春秋末年鲁国南武城（山东平邑县）人。曾参是孔子学说的主要继承人和传播者，在儒家文化中居有承上启下的重要地位。明世宗时称曾子为"宗圣"，与孔子、孟子、颜子（颜回）、子思比肩共称为五大圣人。曾子是一个诚实，讲信用的人。他牢记老师孔子的话："讲话一定要算数，要说到做到；办事一定要坚决果断，不能犹豫不决。"曾子一直以此来严格要求自己。曾子当了父亲以后，也常用孔子的话来教育自己的孩子，希望他们也能成为品德高尚的人。

　　一天早晨，曾子的妻子梳洗完毕，换上一身干净整洁的新衣，准备去集市买一些东西。她出了家门没走多远，儿子就哭喊着从身后撵了上来，吵着闹着要跟着一起去。

　　儿子还很小，集市离家又远，带着他很不方便。因此曾子的妻子对儿子说："你回去在家等着，我买了东西一会儿就回来。你不是爱吃酱汁烧的蹄子、猪肠炖的汤吗？我回来以后杀了猪就给你做。"这句话的作用非常有效。她儿子一听，立即安静下来，乖乖地望着妈妈一个人远去。

　　曾子的妻子从集市回来时，还没跨进家门就听见院子里捉猪的声音。她进门一看，原来是曾子正准备杀猪给儿子做好吃的东西。

她急忙上前拦住丈夫，说道："家里只养了这几头猪，都是逢年过节时才杀的。你怎么现在无缘无故地杀猪呢？"

曾子说："儿子说是你说要把猪杀了，给他做酱烧猪蹄子呢，不是吗？"

妻子急忙说："我是说过，不过我早上是为了哄孩子才那么说的，你怎么拿我哄孩子的话当真呢？"

曾子说："在小孩面前是不能撒谎的。他们年幼无知，经常从父母那里学习知识，听取教诲。如果我们现在说一些欺骗他的话，等于是教他今后去欺骗别人。虽然做母亲的一时能哄得过孩子，但是过后他知道受了骗，就不会再相信妈妈的话。这样一来，你就很难再教育好自己的孩子了。"

曾子的妻子觉得丈夫的话很有道理，虽然仍然有些不情愿，但还是答应丈夫把猪杀了。并且，在丈夫的劝说下，她还为儿子做好了一顿丰盛的晚餐。从此以后，妻子再也不敢随便在儿子面前许下承诺了。

曾子用言行告诉妻子，为了做好一件事，哪怕对孩子，也应言而有信，诚实无诈，身教重于言教。

父母的言行直接感染了孩子。一天晚上，曾子的小儿子刚睡下又突然起来了，从枕头下拿起一把竹简向外跑。曾子问他去干什么，孩子说："这是我从朋友那里借来的书简，说好了，今天得还，再晚也要还人家，不能言而无信啊！"曾子笑着把儿子送出了门。

 收藏教育启示

曾子教育孩子的故事告诉所有的父母：在任何时候，都不能欺骗孩子。因为父母是孩子最直接的模仿榜样，父母的一言一行一举一动，都会对孩子产生巨大的影响，孩子都要跟着学。在孩子最初的心目中，父母的承诺有如铜墙铁壁般坚不可摧，但是父母若是连续多次都未能遵守约定，自那一刻开始，孩子便不会再相信父母。即便日后父母多真诚地再许下承诺，但因为此前的种种表现，孩子势必会认为父母又是在敷衍自己。甚至，严重时他们还会怀疑父母对自己的爱，或是因此变得自暴自弃。

　　所以父母在孩子面前行为要特别慎重，生活是自己创造的，孩子是自己教育的——自己才是一切的根源！所以，当我们不知道说出的一句话是否对孩子造成伤害时，那么就请我们先谨慎思考、小心说话。

分享教子妙招

　　第一，为孩子创造一个诚实的成长环境。在孩子的成长过程中，父母如果为孩子创造一个能保护和培养孩子说真话的环境，孩子就会自然而然地养成说真话的好习惯，长大后也会成为一个正派、诚实的人，受到人们的欢迎和尊敬。因为一个人只有说真话、相信别人、对生活有信心，才会问心无愧地面对各种事情，也才会得到别人的信任和理解。所以，孩子身边的每一个人都要做一个真诚的人，让孩子在周围环境的影响中自觉养成诚实守信的习惯。

　　第二，教导孩子勇于承担自己的过失。每个人都会有过失，都会有做事不当的时候，孩子尤其如此。过失能够教给孩子很多东西，是他们成长中必不可少的。父母在发现孩子犯了错误之后千万不可着急、恼怒，更不可不问青红皂白就把孩子狠狠地训斥一顿。明智的父母会给孩子改正的机会，会耐心地引导孩子勇敢地承担自己的过失。当孩子主动承认错误时，父母应该给予鼓励，肯定孩子说实话是好的表现，然后指出错误的危害性，让孩子在鼓励中知错改错。一个敢于承认错误，能够知错就改的人才是一个真诚的人。

十二、近代绘画之父徐悲鸿的成长道路
——成功源自父亲的教育和指导

···➤➤ 点击经典实例

说到画马，大家都会马上想到绘画大师徐悲鸿！

徐悲鸿（1895~1953），现代杰出的画家和美术教育家，与张书旗、柳子谷三人被称为画坛的"金陵三杰"。由于他在绘画理论和实践上的卓越成就以及他在美术教育方面所做的巨大贡献，他被国际评论誉为"中国近代绘画之父"。他的父亲徐达章在当地也是小有名气的画家，不仅精于绘画，而且擅长诗文、书法和篆刻。徐悲鸿自幼在父亲的影响下长大，父亲的言传身教为徐悲鸿后来的绘画打下了坚实的基础，尤其是父亲"淡泊名利、不慕功名"的处世态度，对徐悲鸿的一生留下了不可磨灭的影响。

小悲鸿六岁开始跟父亲读书，但他更喜欢学画画，常常手里捧着书，脑子里却早想着画青青的小草、弯弯的小河，当然还有他心爱的马儿。他整日盼着父亲能教他画画，那样自己就能画自己想画的事物！可是迟迟不见父亲拿出大画笔来教他。"你不教，我也会画！"失望之余的小悲鸿心想，并决定找机会自己用父亲的画笔画画。一天，父亲把小悲鸿叫到身边，给他讲述了论语中的一个英雄故事：勇士卞庄子如何一人擒住两只老虎。听着听着，小悲鸿的小脑袋里突然蹦出两只大老虎来，相互追逐、打闹着，害得小悲鸿一点都没听到父亲后来讲了些什么。"为什么不画老虎呢？"那天放学之后，他就迫不及待地从父亲的书房里偷偷地拿出笔和纸，笨拙的小手在纸上又是画又是涂，忙了很久才弄好。低头一看，只见自己画的老虎胖墩墩、圆滚滚的，像只小胖猪！这哪是什么老虎啊！"该怎么办呢？"他心想："去求父亲教自己吧，父亲绝对不会答应的。啊！隔壁不是有个叔叔会画画嘛，何不去求他教自己呢。"想到这，他就乐颠颠地跑到隔壁，让叔叔画了一只老虎。然后自己照着样子，一遍一遍地临摹下来。好不容易画了一张自己最满意的老虎，小悲鸿兴高采烈地跑到父亲书房，自豪地说："快来看啊，我会画老虎了。"小悲鸿兴奋地站在一旁，等着父亲的表扬。没有想到父亲故作惊奇地瞪大了眼睛："这是老虎？不对不对，这分明是一条狗嘛！"小悲鸿委屈的泪水顿时涌了出来。这时，父亲才告诉小悲鸿自己的想法：画画必须亲自用眼睛去观察实物，你没有见过真的老虎，怎么可能画出逼真生动的老虎来呢。还有，你要先积累丰富的文化知识，学习绘画才算有了根基。所以，你现在的当务之急就是读书，绘画以后再学不迟。小悲鸿听着听着，终于明白父亲为什么不教他画画而只教他读书了。为了能画好心爱的画，徐悲鸿从此勤奋读书。

九岁时，勤奋的小悲鸿已经读完《诗》、《书》、《礼》、《易》、《四书》、《左传》等文学经典书籍。父亲看到时机渐渐成熟，便开始指导徐悲鸿学习临摹。同时父亲一再告诫他，要想学好画，必须学会细心观察和欣赏大自然。于是，父亲经常带着徐悲鸿去河边散步，教导儿子观察穿梭在雾中的小渔船，看河面上偶尔跳起的小鱼，看远处殷红的夕阳等。有时父子俩还会一同观察下阵雨之前，地上来回奔波的蚂蚁。聪明的小悲鸿很喜欢用自己的画笔，把这些有趣的景色、动物、植物画下来，他尤其喜欢马，几乎画马成痴。

为了能画好马，有一段时间，人们经常看到一匹小白马在乡间的小路上慢悠悠地奔跑，一个小孩拼命地跟着马儿跑，跑得汗流浃背气喘吁吁，也不肯停下来休息。这个小孩就是徐悲鸿。大多数时候，小白马会跑了一段路之后停下来跺跺脚，吃几根路边的小草，看看后面的小悲鸿，似乎在说"你太慢了"。这时，后面的小悲鸿就会加快速度奔上来，一会儿摸摸马鬃，一会儿拍拍马儿的脖子，一会儿拔几根嫩草给马儿吃。

为了把马画好，把马的雄姿、精神画出来，徐悲鸿坚持跟着马跑了几年。他在生活和绘画过程中，渐渐明白了父亲的苦心，领悟了父亲要求他观察实物，学习文化的内涵。功夫在画外，因为家境贫寒，父亲无力送小悲鸿去学堂读书，但父亲总是尽自己最大的努力教育孩子，并亲自给儿子传授绘画和文化知识。小悲鸿在父亲的悉心教导下，文化知识与绘画技能都在飞快地进步。也正是父亲的言传身教，使得徐悲鸿成长为一个勤俭、正直、宽厚、谦让、杰出的大画家。因此，后来人们常说徐悲鸿的品格里有其父亲的烙印。

 收藏教育启示

对孩子的成长教育要尊重孩子的实际水平，在孩子尚未成熟或者能力欠缺之前，要耐心地等待，不要违背孩子发展的自然规律，不要违背孩子发展的内在"时间表"。对孩子的培养最忌"一蹴而就"、"一口吃个胖子"等错误的观念，如果为了迅速实现自己"望子成龙"的急切期待，从而人为地通过训练加速孩子的发展，那样，只会适得其反，拔苗助长的故事也就会重演。对孩子的教育应该循序渐进、量力而行，必须根据孩子身心实际发展水平，遵循由易到难逐步提高的顺序进行，让孩子根据自身能力稳步发展。只要循着孩子成长的台阶走好每一步，最终必然会达到成功的顶峰。

分享教子妙招

为了更好地实现对孩子循序渐进的教育培养，家长们应该：

第一，全面了解孩子身心发展的实际水平，做到量力而行。要使教育获得成功，父母就要就全面了解孩子身心发展的实际水平，遵循孩子生理和心理的发展规律，结合孩子自身情况，遵循从易到难的顺序而采取相应的教育措施。要激励孩子学习某种知识，当这种知识与孩子已有的知识水平相差不大时，他不仅愿学，有能力学，而且也容易引发孩子学习的兴趣。如果相差很大，甚至超过孩子的实际发展水平，他就不愿学，也学不懂，当然就提不起兴趣，甚至产生厌倦或抵触情绪。因此，在家庭教育中，父母一定要全面了解孩子身心发展水平和所学知识的实际水平。在此基础上选择合适的教育内容和有效的教育方法，才能达到理想的效果。

第二，对孩子知识和能力教育培养，也要循序渐进。每一门科学文化知识都有它自己由浅到深、由易到难的逻辑顺序，而且有一定的连贯性。在向孩子传授知识的时候，要注意观察，了解孩子掌握知识的情况，当孩子对所学知识尚未理解时，不要急于教新的内容，要按照循序渐进、量力而行的原则向孩子传授知识。只有从孩子的实际水平出发循序渐进地启发指导孩子，才能达到教育目的。

第五章
好家长也是好朋友

一、"金龟子"刘纯燕的教子故事
——把女儿当作朋友和"老师"

在广大小朋友的眼里，央视少儿节目《大风车》里的"金龟子"刘纯燕始终是一位快乐的主持人。无论是早期的"小脚丫"，还是后来的"金龟子"，或是后来《风车迷社》里的"金先生"等等，她的每一个形象都深入人心。天生的娃娃脸，娇小的个头，古灵精怪的主持方式，为她赢得了数以亿计的小朋友的喜爱。而生活中的刘纯燕在教育自己的孩子的时候依然保持着古灵精怪的风格，她在陪伴女儿成长的过程中变成了"金龟子妈妈"，让女儿的成长教育变得轻松、快乐。

1999年4月6日，刘纯燕在醉人的春光中，迎来了呱呱坠地的女儿，她和自己的先生王宁为女儿取名王逸宸。初为人母的她也像所有普通的妈妈一样，事事都从头学起。既要学习照顾女儿的生活，又要探索早期教育的方法；既想给女儿一个快乐的童年，又不想娇惯孩子。可想而知，那时的刘纯燕在品尝做母亲的甜蜜时，也品尝到了做母亲的艰辛。

刘纯燕教育孩子的方式与众不同，在女儿面前她不像是妈妈，更像是女儿的"小朋友"。她从来不把自己当成大人，而是像个比女儿还要"顽皮"的大孩子，领着女儿一起玩，而且玩得十分投入。她除了跟女儿一起做游戏、搭积木、玩拼图，还常常把节目中那些既精彩又适合女儿特点的片段在家里重新表演，以引起女儿玩的兴趣。

逸宸小时候性格挺内向，与女儿相比，有时妈妈玩得更疯、更开心。当妈妈跟她一起摸爬滚打地疯玩时，她会突然问道："妈妈，你干吗？"弄得刘纯燕有点不好意思："啊？怎么了？我陪你玩呢。"正因为在家里妈妈天天像小朋友一样陪着她一起玩，陪着她满地爬，所以小逸宸性格逐渐开朗起来，整天快快乐乐，表现得大大方方，见了其他小朋友从不害羞，总是主动跟人家玩。

就在逸宸刚会说话又不完全会说话的时候，刘纯燕就开始注重对女儿语言能力的培养，整天都想方设法地和她交流。为了方便和女儿说话，刘纯燕总是蹲下来，坐下去，和女儿进行特别细致的"平等对话"。在她潜移默化的影响下，逸宸对语言的理解、掌握都相当出色。刚入幼儿园的时候，就已经口齿伶俐了，说话非常到位，一件事她三言两语就能说清，反应也特别快。

为了让女儿生活在充满情趣的童话世界里，爱布置家的刘纯燕将女儿的房间装饰成一个大卡通屋。逸宸一天天长大，童心依然的刘纯燕为了拉近和女儿的感情距离，总是想方设法，使母女关系处得像朋友式的，就连穿着母女俩也要保持一致，她和女儿穿一样款式的衣服，把女儿打扮得和自己一样。于是妈妈穿衣服，小逸宸也主动帮助挑："妈妈穿这个，这个好看。"刘纯燕装作不服气的样子："我穿什么也要你管呀？那我也得管你，娃娃，你穿这个不好看，换另外一件。"逸宸看看妈妈，便去拿另一件衣服……

"越是平等对待，孩子越容易接受大人的建议，也敢于跟大人说真话。我们不喜欢别人对自己摆出一副说教的面孔，孩子也一样。"这是刘纯燕的教子体会。逸宸小时候，有时不喜欢妈妈在节目中的服装，就会直截了当地问她："妈妈，你怎么打扮成那样啊？"每每这时，刘纯燕就会检查一下自己，是否有哪一点不合适，要不要改进。在刘纯燕心里，女儿是自己最忠实的小观众，也是自己最好的小朋友。

作为妈妈的忠实观众，小逸宸经常收看妈妈的节目，经常还会被妈妈的表演所打动。一次，在一个节目里，刘纯燕表演与兔巴哥再见，表现出很伤心的样子，小逸宸边看边跟着撇撇小嘴，快要掉下眼泪了！这时，坐在一旁的刘纯燕怕女儿太当真，转过来还要开导女儿，就指着家里的兔巴哥告诉她："咱家也有个兔巴哥，它没走，还和咱们在一起呢。"小逸宸这才破涕为笑。

其实，刘纯燕在女儿身上学到的东西也很多，这位身边的"小老师"对自己的工作帮助很大。因为刘纯燕常常能从女儿的动作、表情，对外界事物的反应和认识中，观察、分析孩子的内心世界；从她与小朋友交流的样子里找到感觉，甚至进行模仿。这些都让刘纯燕在主持节目时更能得心应手，并创作出更多的孩子喜欢的节目。并且，逸宸这位"小老师"的作用还远不止这些，有时刘纯燕还让她检测自己所做的节目是否能让小朋友满意。把节目里的话或者故事先讲给她听，或者在她面前表演一遍，看她的一些表情。比如，看到哪个地方她要笑，哪个地方她会高兴得手舞足蹈，哪个地方她又有些厌倦等等，以此来自测自己的节目播出后的效果。在和女儿水乳交融的游戏中，刘纯燕跟女儿学到了好多东西。刘纯燕说："她是我的一个小观众，也是一位最小的'小老师'。"

 收藏教育启示

随着女儿的一天天长大，如今的刘纯燕尽量用成人的口吻与女儿说话，为的是培养将来新型的母女关系，她希望女儿始终有一张灿烂的笑脸。刘纯燕的经验就是平等地对待孩子，与孩子交流，把孩子当作自己的朋友、老师。"所以我现在考虑她的时候也挺多的。比如，我说一句话时她会是什么表情，委屈还是高兴。这些都会考虑的，主要是考虑对孩子的教育效果。"

人与人之间包括父母与子女之间，都需要沟通，需要了解和谅解，才能更融洽地生活。做孩子的好朋友，平等地对待孩子，有效地和孩子进行沟通，才能帮助孩子健康成长。许多家长与孩子只谈学习，只关心孩子的学习成绩，以命令的口吻说话或把自己的意见强加于孩子，以唯我独尊的家长自居，较少考虑孩子的内心需求，这势必使家庭教育的效果大打折扣。父母只有先做孩子的朋友，才会赢得孩子的信任和真正的尊重，对孩子的教育才能达到良好的效果。

分享教子妙招

第一，父母要与孩子进行平等的交流。在与孩子进行交流时，一定要摆脱高高在上的父母心态或者成人心态，要把孩子看成与自己平等的个体，以平等的语气和心态跟孩子进行交流。孩子能够从父母的语调中得到的比在话语中所得到的信息更多，父母跟孩子们讲话的语调、声音等往往有一种居高临下的气势，让孩子很难接受。如果他们把一些家长对孩子讲过的话录下音来，让他们认真地听一听自己的声音，他们就会发现自己是多么不尊重孩子。所以，与孩子说话首要的是平等看待孩子，无论是语气、语调还是心态，都应该跟孩子平等地交流。

第二，时刻注意与孩子说话的态度。尽管有些父母已经非常希望了解孩子，但在自己心情不好的时候，却又总是不留意地忽视了与孩子的交流，可能就会给孩子造成伤害。父母大都有自己的烦恼与事务，孩子开口的时间也许的确不凑巧，如正碰上情绪低落或忙于处理事情的时刻，没有精力和心情去关心孩子的用意或话外音，就不假思索地回绝孩子的谈话。这样的话就让孩子感到被忽视、被拒绝。其实，如果碰上父母自身有烦恼时，与孩子交流一下自己的困惑，不仅能够疏解一下自己的情绪，而且也能使孩子感到自己受到父母的重视与尊重，为自己能够给父母帮一些忙而骄傲。

二、演员立威廉的成长之路
——单身妈妈家庭教育的"快乐魔法"

··➤➤➤ 点击经典实例

　　立威廉出生于新加坡，因为小时候过于害羞内向，妈妈在他17岁时把他送去模特儿界训练胆识和人际交往能力，没想到他在这一行业一举成名。2001年，立威廉获得世界名模大赛第一名；2004年，他凭偶像剧《天国的嫁衣》蹿红；2005年的偶像剧《绿光森林》，令他人气持续高升。而之后的《放羊的星星》，令更多人为他儒雅的王子气质倾倒。帅气儒雅的立威廉被人称为"威廉王子"。然而，"王子"的成长之路却充满艰辛，5岁时，爸爸不辞而别，不仅抛下妈妈，连他和哥哥都不要了。为了生活，妈妈只好打两份工来维持家计。然而，单身妈妈却用自己的"快乐魔法"让儿子成为快乐的"王子"。

　　有人说：伟大的母亲在孩子面前，会将苦难化为一个粗糙的大饼，带头若无其事地吃下去；会将小小的快乐也变成一堆大大的棉花糖，让孩子觉得如王子般富有。立威廉的妈妈就是这样一位伟大的母亲。

　　5岁，是一个孩子刚记事的年纪。在立威廉的记忆里，妈妈总是独自一人带着他们，打扫房间、做饭、工作，每一天都非常忙碌，但生活并没有因此乏味无聊。妈妈总是有办法，让生活充满一些小小的欢乐。

　　有时候妈妈会在饭上用黄瓜做成圆圆的眼睛，红椒做成微笑的嘴巴，海苔撕成末撒成可爱的雀斑，用一个米饭笑脸迎接他；有时米饭下还会铺上牛肉让他去寻宝；三明治上用巧克力酱和草莓酱画上可爱的心形气球也是妈妈的拿手好戏。饭后的水果，妈妈会把杨桃横切成星星形状，出门前告诉要去幼儿园上课的小威廉："下课后快回家来吃星星哦。"虽然妈妈不在家，但因为妈妈巧心的晚餐，他每天都是第一个跑回家的小孩。

五岁的威廉还不能帮妈妈做家务，每次星期六打扫房间的时候，妈妈会放儿童歌曲让他坐在床上听，自己戴上报纸做的帽子，学着女巫的样子骑着扫把在屋里跑上一圈，然后告诉他："妈妈要开始清洁魔法了，你乖乖看着哦。"所以一直以来，在威廉的心里，做清洁都是一件很快乐的事。

虽然妈妈不富有，可她不会因此让自己的孩子缺少成长乐趣。她是一个爱旅游的人，也希望威廉能多出去看看外面的世界。

有一次妈妈的公司组织员工旅游，妈妈用平时省吃俭用存下来的钱，带上威廉一起去。在那个马来西亚的小岛，他们住在一个很美丽的酒店，但酒店的消费很贵。妈妈没有和同事一起在餐厅里凑份子吃饭，而是带着威廉从酒店后门出来，到外面的森林里。在森林边，妈妈拿出保温瓶和泡面，给自己和威廉泡了两碗泡面。这碗在森林里吃的泡面，让威廉觉得特别新奇美味。一直到今天，他都没有觉得泡面是将就的食物，大概就因为当时在美丽的大自然里，泡面也成为有趣的记忆。

能够完成不可能的任务，超人除了具备超能力，更强悍的是内心的坚持。这一点，妈妈一直是威廉的榜样。

威廉能成为让人崇拜的"威廉王子"，其实是妈妈的功劳。威廉从小是个话很少的小孩，甚至迷路了都不问，情愿自己一遍遍地找。渐渐的妈妈为此担心起来。有时妈妈会特意让他去自己公司玩，威廉会很礼貌地和她的同事打招呼，但问过"阿姨叔叔好"之后，就一直微笑着保持沉默。心里着急的妈妈，为了他能多和人交往，就让哥哥带他去当模特。初当模特的时候，威廉接受访问时手心都会出汗，可是妈妈一直鼓励他，让他坚持，后来威廉真的慢慢克服了自己的障碍。他可以很完美地做完访问，也能够在 T 台上很好地展现自己，优秀的表现还让他得过 2001 年世界模特大赛第一名。而正是这次的成功才使他走上了演艺之路。

当他从模特转型当演员时，第一次接拍的就是《天国的嫁衣》。由于威廉是新加坡人，母语是英语，而之前他一直是在泰国及香港等地发展，所以在台湾拍《天国的嫁衣》时，他真的很不习惯。

拍戏总共六个月，威廉在台湾没有一个朋友，封闭在一个陌生的环境，用的是自己完全不熟悉的语言。更要命的是，剧本上的台词，他必须听助理念出来，或者用拼音标注，才能去背。而演员经常会遇到临时改台词的情况，每当这时他都很紧张。在这样的压力下，工作强度还特别大，一般是拍到周六，就直接送去剪辑，周日就播出。根本就没有假期，每天只能睡三四个小时。语言不通、陌生的环境、高强度的工作，令威廉觉得体力高度透支，拍到第三个月的时候，他真的觉得坚持不下去了。

在给妈妈打电话的时候，敏感的妈妈听出了他的声音很忧郁，知子莫若母，妈妈没有说什么，第二天直接从新加坡飞到了台湾。

妈妈一向是个节俭的人，威廉有时在泰国和香港等地说要飞回去看她时，她都会说浪费，现在却一个人千里迢迢地跑了过来。威廉忙着在片场拍戏，来不及去机场接她，她就一个人坐机场大巴到了他家附近。妈妈只会讲英语和客家话，威廉都不知道她是怎么和别人沟通的。

那天导演正好只拍到七八点，就让他回家了。他看到妈妈，开心得眼泪都快掉下来了。妈妈随身带来了新加坡当地的新鲜菜。和妈妈吃了一顿家乡饭，他觉得整个人精神就回来了。妈妈在台湾陪了他一个月，每天在家做饭，等他回来吃，和他用家乡话聊天，有时也去片场看他拍戏。威廉人生中最难熬的一段时间，因为妈妈无言的关爱而坚持了下来。

现在的威廉，工作很忙，但他会常常打电话和妈妈聊天。妈妈对他并没有太多的要求，只说让他注意安全。说到工作的时候，妈妈总是说："坚持一下。如果你实在受不了了，就回家，找一份简单的工作。"

但是，他是她的儿子，想到妈妈曾经一个人打两份工来维持家计，自己怎么能在苦累面前轻易放弃呢？

由于从小不是娇惯的孩子，从小就要求他谦虚、懂事、节俭、克制、有礼，所以长大的威廉很懂得自我克制和责任感。做艺人后，他很珍惜现在的一切，也懂得艺人对公众的影响，他维护着自己的形象，真的很像一个身家清白的王子。其实更像王子的，是他的绅士风度。当威廉和其他人一起进电梯时，他会主动询问然后替人家按楼层键，出门时会等所有人都出去他再走；在工作中，他发觉同事提的包包很重时，会接过去，说："我来吧，你是女生，提这么重的包，手会酸的。"他说妈妈从小就告诉他："对人要客气有礼貌，无论是服务员还是大老板，要一样彬彬有礼；你是男孩子，要多为女孩子服务。"大概是由于妈妈从小的教育，他做起来驾轻就熟姿态好看。在他看来，这只是习以为常的小小举动，但却是这时代所稀缺的绅士风度。

每个女孩，都想要一个这样的男朋友；每个粉丝，都想要一个这样的偶像；每个妈妈，都会想要一个这样的小孩。而每个小孩，也都会感激这样的一个妈妈。

 ## 收藏教育启示

　　许多单亲家庭的孩子，会有一股戾气，大概因为家长某种爱的缺失，会把这种遗憾变成抱怨，不知不觉地传递给孩子。这样的孩子，心灵的某个角落肯定是灰暗的。可是在威廉妈妈的心里，一天如果能有一顿饭吃就会觉得开心，她不会抱怨只有一顿，而是感谢还有一顿饭吃。半杯水，别人觉得只剩一半了，她却觉得还有一半呢。这样的妈妈，虽然贫穷，但她的生活是充满阳光的，在她的影响和教育下，她的孩子肯定会有着阳光般的笑容。

在多数家庭中，成员关系是民主的、快乐的、和谐的，但是有相当多的家庭仍处于一种不和谐的状态中。特别是在当今社会，随着离婚率的上升，单亲家庭和再婚家庭的增多，家庭关系出现了新课题。夫妻关系、婆媳关系、亲子关系、亲妈后妈关系、亲爸后爸关系等都成了家庭中要面临的新的课题。无论家庭中出现什么样的问题，一定不要让这些问题影响孩子的成长，不要让家庭中的"阴霾"影响孩子的身心健康。家长应该处理好各种家庭问题，让孩子避开这些问题，让孩子永远在一个快乐、和谐、幸福的家庭中拥有阳光般的笑容。特别是进城务工的家庭，家长的居住环境不稳定，工作流动性大，孩子入学、安全、教育是难题，那么家长应有长时期经营家庭的计划安排，给孩子提供一个好的成长环境。

分享教子妙招

第一，尽可能多地与孩子进行交流，时刻关注孩子的身心发展。父母应当尽可能多地创造与孩子交流的机会，这种交流可以随时随地地进行，并且在与孩子的交流中，对孩子的谈话欲望给予充分的注意，尽量满足他们的谈话要求。谈话可以在饭桌上、一起购物时，或共同参加家务劳动时。有时谈话内容未必有什么实质性内容，也可以毫无意义，但这种随时随地的谈话，会给孩子带来很大的宽慰，让父母与孩子之间的关系更加亲密无间。

第二，切忌用伤害性的语言与孩子说话，沟通交流的成功与否，往往与沟通者的语言有很大的关系。一些伤害性的语言，容易导致沟通的失败。如："你真笨，这点小事也做不好。""你敢不听话，妈妈不要你了。"这些伤害性的语言通常会极大地伤害孩子的自尊和人格，使孩子感觉不到父母对自己的信任和尊重。如果孩子长期生活在这种语言环境中，将会成长为懦弱、没有主见的人。孩子最喜欢听到的是肯定、赞扬和鼓励的话语，否定性的语言挫伤孩子的积极性，也会打消他们与父母对话的热情。相反，肯定性语言会使孩子向你敞开心扉，鼓励他们与你分享自己的问题、情绪和感觉。因此，做父母的要不断提高自身的语言修养和掌握说服教育的艺术性。父母与孩子讲话时，除注意情绪、语调和句式外，最好能够做到讲话简洁、明晰、形象生动、幽默风趣，用多种表达形式跟孩子讲话，让孩子在快乐中接受教育。

三、著名主持人李咏和女儿的故事
——做一个合格的父亲

···➤➤➤ 点击经典实例

　　我觉得，大人和小孩儿之间，不能论岁数，论岁数您那叫"倚老卖老"。也不能比聪明，有本事您回到她那个年龄再比。和孩子在一起，一切都像是玩游戏，谁赢谁输，很难预料，这样才有意思。

——李咏

　　李咏，中央电视台著名节目主持人，随着当初主持的《幸运52》《非常6+1》，他火了，并且丝毫不掩饰自己的自信和张扬。但是，在女儿面前，这个央视名嘴却没有一点脾气，让我们来了解一下李咏"边宠边教"的智慧育儿故事。

　　李咏女儿的名字叫法图麦·李，是回族名，"法图麦"的意思是"真主的女儿"。听李咏谈女儿，感受到这位央视名嘴宠爱女儿宠得没边儿，却在宠爱过程中边宠边教，俨然一副智慧父亲的范儿。他从一本书上得知，父亲对孩子的鼓励和肯定所带来的影响，是母亲的50倍。为有更多的时间在女儿升学的关键时期陪伴女儿，他做出了一个惊人的决定：离开央视，转战中国传媒大学，成为一名教师，做一名合格的父亲。

　　在妻子哈文怀孕期间，李咏就为孩子写"宝宝日记"，当法图麦降生以后，他的"宝宝日记"就写不下去了。见到了女儿，了却了已久的"期待"，他要开始一种全新的爱。李咏曾经说："女儿是父亲前世的情人，这是谁总结的啊？太精辟了。"他对女儿也真是看不够、想不够、疼不够、爱不够。对于李咏来说，女儿从妈妈肚子里落脚，慢慢长大，到出生，成为自己的亲人，再在自己的抚育下长大成人，这个过程，仿佛是自己和妻子从相识相知到执手偕老，如出一辙。

做了父亲的李咏说自己和女儿之间有心灵感应，并且坚信不疑。法图麦 1 岁的时候，李咏去外地出差，从出家门开始就莫名其妙地觉得不舒服，有哪儿不对。飞机落地后刚停稳，他就打开手机给家里打电话，问女儿好不好，哈文说："没事，忙你的吧。"可整整一天，李咏都心神不定，自己心里也不知道怎么回事。后来他又给家里打了几个电话，妻子还是告诉他没事儿。

第二天一早，李咏搭最早一班飞机赶回北京，到家一问，果然！小阿姨一眼没看住，法图麦在茶几上磕了一下，嘴唇被牙硌破了，流了不少血。当时李咏才明白自己一直心神不定的原因所在。

看着女儿一天天长大，李咏自豪地说女儿遗传了自己的全部基因。法图麦不会爬、爱打岔、话痨、行动能力差，这些别的父母都很担心的问题到了李咏却成了他的骄傲，他说这全是他的遗传！不过妻子哈文曾一度感到担心，怕女儿是"发育迟缓"，李咏却拍着胸脯向她打保票："看我！看你老公！有问题吗？有毛病吗？我小时候就先学走后学爬，告诉你啊，没事儿！老话说'不会爬的孩子聪明'知道吗？"

虽然女儿行动能力差，但思维却非常活跃，并且语言能力也很发达。法图麦说话特别早，早得父母都不敢相信。8 个月她就会叫"爸爸"、"妈妈"，10 个月就能和大人简单交流，1 岁两个月就自己唱卡拉 OK 了。等法图麦长到 5 岁，话都挺多的父女俩经常凑一块儿逗贫，不过李咏往往以失败告终。一次，闲来无事，李咏便把女儿拉到身边：

"法图麦，爸爸最大的特点是什么？"李咏眉眼挤作一堆，谄媚地问。

"贫嘴呗！"法图麦一脸的不屑。

"那，你觉得爸爸是什么类型的人？"

法图麦白眼一翻，"找抽型！"

女儿给了老爸一个"无情"的打击，不过李咏知道女儿是在斗嘴，无论说什么自己都没脾气，反而乐在其中。

法图麦出生以后，虽然李咏不再为女儿写"宝宝日记"了，但他却做起了另一件事——用影像记录女儿的成长。在女儿成长的过程中，他和妻子为女儿拍摄了无数盘录像带，记录她成长的美好瞬间。每一盘带子上都有标签，时间、地点、主要事件，按顺序整整齐齐排着。一家人最大的乐趣，就是围在露台上看录像，看到滑稽处，全家人"咯咯"地乐个不停。

所以，女儿的书架上堆满了大大小小的录像带、相册、相框、卡片。妻子哈文看着直犯愁："要不以后少照点儿？一年一次？""不行！"李咏当即否决，"必须照！咱那书房不还空一半吗？"

在女儿的成长教育中，李咏对女儿没太高要求，就六个字：健康、阳光、快乐。别人都说怕孩子"输在起跑线上"，可李咏生怕他女儿"赢在起跑线上"。跟很多父母一样，李咏也让法图麦尽量多地学东西，喜欢不喜欢都必须了解，必须试一试。钢琴、芭蕾、游泳、花样滑冰、国际象棋、网球、钢琴、美术、英文……不过李咏倒不指望女儿将来靠这些技能吃饭，只想让孩子提高自身修为。

不过，学习那么多的东西，女儿有时候也想打退堂鼓。一次法图麦游泳，哈文过去监督法图麦的进展，法图麦听见她娘来到，如遇救星，一头钻出水面："妈妈，我累死啦！"没想到哈文十分无情："没事儿，再坚持会儿！"又转头叮嘱教练，"您对她严格要求！"哈文一扭头就听见法图麦在水里冲教练嚷嚷："您听她这话，像亲妈说的吗？"

相比李咏，法图麦在家还是比较怕哈文。法图麦说因为妈妈比爸爸眼睛大，每每一瞪："法图麦，现在该干吗了？"她便马上乖乖地该干吗干吗，走的时候还不忘偷偷跟李咏说："妈妈有一双熊猫眼。"不过，同样的话让李咏说一遍，那就是不但没作用，还起反作用。

"法图麦，现在该干吗了？"李咏有时候也想严肃一回。

"找抽啊，老爸？"女儿声音比他还高半调儿。

看着"无法无天"的女儿，李咏依旧是幸福地笑笑作罢。

不过，李咏也有一套对付女儿的办法。逗贫逗不过女儿，他便跟女儿斗智斗勇。一天，法图麦不想练琴，李咏就把她的一个小朋友接到家里来，小朋友比女儿大两岁，和女儿一样，钢琴刚过五级。

李咏对小朋友用很夸张的语气说："法图麦眼睛刚刚散完瞳，看不清琴谱，可是她不看谱也能弹，你信不信？"

小朋友一听，还真被李咏唬住了，很崇拜地说："没谱的话，我可弹不了。"

"你看，我家法图麦就可以！"

紧接着，李咏做了个"有请"的手势。再看法图麦，往琴凳上一坐，挺胸抬头，一双小手在琴键上上下翻飞，劲头十足。

还有一次，法图麦把房间弄得乱七八糟的，李咏本想喝令她收拾，但一想女儿的回答肯定是"找抽"。于是，他就去帮女儿收拾房间。一会儿，法图麦便过来了："爸爸，跟我玩会儿。"

"玩什么啊玩？乱成这样，还不收拾收拾！"

法图麦噘着嘴走开了。一会儿觉得实在无聊，又来了："爸爸，跟我玩会儿嘛！"

"不玩不玩了，我在收拾屋子。"

等到同样的桥段重复第三遍的时候，法图麦自己就耐不住了："哎呀！好啦好啦！我帮你收拾就是了。"

哈哈，中计了吧！李咏不动声色，故意推她："不不，你别来添乱，你不会！"

"你才不会呢！"

"你不懂！"

"你才不懂呢！"两个人互不相让，等闹够了，李咏假装正色道："这是什么CD？应该放哪儿？"

法图麦的 CD 都是英文，有的李咏还真的看不明白。法图麦得意地小手一指："笨！放那儿！"

"这个呢？"李咏又拿起一张。

"那儿！"法图麦直接抢过去，在抽屉里放好。

逗着逗着，房间就收拾好了。

2013 年 3 月 20 日，李咏正式离开中央电视台，转入中国传媒大学做一名教师。当有记者问他为什么做出这样的选择时，李咏告诉记者："这是为了孩子和家庭。"

 ## 收藏教育启示

　　在李咏和女儿法图麦的故事中，我们能清晰地感受到李咏那颗对女儿挚爱的心。面对顽皮的女儿，李咏对教育女儿的尺度掌握得非常好，该宽的时候宽，如法图麦可以肆无忌惮地说李咏"找抽啊，老爸？"。相信这在许多家庭是不可想象的，很多父亲为了维护自己家长的权威都不会允许孩子这么没大没小地说话。但李咏能，他明白，自己既是女儿的父亲，又是女儿的好朋友，只有成了女儿的好朋友，才能成为女儿的好父亲。父亲的形象不是靠语言来维持的，而是靠内涵，靠在孩子心目中的高度来维持的。一个被孩子崇拜的父亲又怎能得不到孩子的尊敬，当孩子心中对父母有了崇拜和尊敬时，父母的言传身教就能发挥出巨大的作用。

　　中国的传统教育一向讲究严父慈母，其实这是充满教育智慧的。但这只是个大概念，换一个位置，慈父严母也是一样的，只看父母二人谁更适合哪个角色。像李咏，更适合他的角色是慈父，只有当一位在女儿面前"找抽"的慈父才更符合他的本性。无论是父亲还是母亲，当你们觉得自己的情感特别需要表达出来时，就完全没必要因为家长的面子而压抑自己，慈父也好、慈母也罢，只要能给孩子传递科学、理性和真挚的爱，孩子就能受到成功的家庭教育。

分享教子妙招

第一，学会与孩子无话不谈。和孩子做朋友，父母就要随时与孩子保持畅通的沟通关系，不要因为他们的话题是你不能接受的、不能理解的，就拒绝交谈或毫无顾忌地驳斥。只有父母能够做到与孩子平等对话、无话不谈，才能真正走进她的内心世界，引导她的思想渐渐步入正轨。比如，随着女儿渐渐长大，一定会出现感情上的问题，如果这时，孩子告诉你一些真实感受和想法，如对某男同学有好感，或某男同学对她有好感等，千万不可指责她，要站在她的立场先去理解她，然后告诉她该怎么办。这样，女孩感受到父母对自己尊重和信任，她会越来越信任父母，就会把父母当成倾诉对象，而不是保密对象了。

第二，永远做孩子的忠实听众。孩子在刚会说话时，也许是出于好奇，总爱唠叨不停；有时一些孩子说话时，他们会有非常强的表达能力，而且可以说很长、很久。此时，父母要做好孩子的忠实听众，耐心地跟孩子对话。因为只有通过父母的反应和交流，孩子才能知道自己是被重视的、被关怀的，他们会在父母的耐心解答中渐渐了解周围的世界，并建立起对父母的崇拜和尊敬。

四、"老板娘"闫妮的教子故事

——教育孩子从不含糊

·····➤➤ 点击经典实例

她是《武林外传》中泼辣妩媚风情万种的老板娘，她是《三枪拍案惊奇》中最让人意外的"谋女郎"，她有着陕西人那股子豪放的性格，她已人到中年，却在 35 岁时因一部电视剧《武林外传》而红透大江南北。她就是闫妮。屏幕中的闫妮百变多娇，塑造出许多个性鲜明的人物，但生活中的闫妮与戏里的她截然不同。生活中的她不但不善言辞，并且时常迷迷糊糊。但面对女儿的成长教育时，闫妮说，她从不迷糊。

闫妮出生在古城西安。1990 年，考入兰州军区战斗歌舞团，后来加入空军政治部话剧团。1995 年 5 月，闫妮在北京找到了人生的另一半，幸福地步入婚姻殿堂。1998 年 1 月 1 日，闫妮生下了可爱的女儿，因为刚好是元旦，闫妮就给她起名叫"沅沅"。

在女儿最重要的成长时期，也是闫妮的演艺事业蒸蒸日上的时候，每天电话和片约不断。事情总有它的两面性，事业上的进步也让闫妮成了大忙人。事业成功了，生活改善了，但她却经常是十天半月在外地拍戏回不了家，家务和照顾孩子的事情也就都交给了丈夫和双方的老人。

于是，沅沅与妈妈总是聚少离多。因为经常见不到妈妈，只要一看到闫妮，就搂着妈妈的脖子不放，担心自己一松手，妈妈就又会好长一段时间不见了。有一次，拍了几天戏终于有休息时间的闫妮，拖着疲惫的身躯回到了家。闫妮住在单位宿舍楼的三楼，可就在闫妮刚爬到二楼的拐弯处的时候，就听见沅沅微弱的喊声："妈妈回来了，妈妈回来了！"当家门打开的时候，沅沅第一个从里面冲了出来。闫妮觉得很奇怪，沅沅也没看到自己怎么就知道是妈妈呢？是不是能听出我的脚步声啊？丈夫叹了口气说："你不在家的时候，咱们女儿只要一听见楼梯有脚步声，就叫嚷着'妈妈回来了'！赶紧开门探头看看。虽然很多次都失望，但下次她还是这样……"听到这里，闫妮的泪水唰地就流了下来。一种愧疚感充溢了她的心灵，但蒸蒸日上的事业催促着她不能停下脚步。面对女儿母爱的缺失，这时的闫妮面临着两难的抉择，事业和亲情，孰轻孰重，自己应该慎重掂量。

闫妮在演艺圈里的迷糊之名是人尽皆知的。作为演员，闫妮想不起自己拍的第一部戏是什么，自己演的第一个角色是什么。在北京生活了十多年，可对北京的道路还是一点也不熟悉，经常走错路，给人指道更是从没对过。郭达曾说："按着闫妮指路的相反方向走，准没错。顶着一头睡得左右支棱的头发就能出来见人，穿着睡衣就能捧着饭盒进餐厅……"导演尚敬曾说："闫妮永远比别人慢一拍。"郭达更直白："她好像没什么特长，不过她有特短。人家丢三落四，她丢五落八。"

但就是这么一个迷糊的母亲，在面对女儿时却异常地敏感起来。她深深地感受到女儿是那么渴望母亲的爱，可自己偏偏给不了那么丰富的母爱，长久的分离，偶尔的相聚，在女儿成长的岁月里缺少了自己身为母亲的陪伴，这让闫妮万分愧疚。女儿的感情是敏锐且细腻的，她真的害怕，害怕这种状况长久地持续下去，将来女儿会变成什么样子？一个缺失母爱的女孩又怎么能在未来的人生中轻易感受到幸福呢？在演艺圈，因为忙于事业导致缺少父母的爱而使孩子变得行为偏激性格怪异的例子并不是没有，闫妮绝不愿自己的事业是建立在女儿成长失败的基础上。

那段时间的闫妮总是活在焦虑中，但天性乐观的她并没有颓废地认为自己是一个失败的母亲，人生怎么能这么容易就认输呢！特别这事还关系到自己宝贝的女儿。但怎样做才能将事业与亲情平衡呢？既不让女儿在成长过程中缺失母爱，又能兼顾事业，问题真的很难解决！挣扎在事业与亲情之间，心灵备受煎熬的闫妮依然在各个片场之间奔忙着。但一次偶然的事件，却让她灵机一动，一下子找到了解决问题的方法。

一次回家时，女儿对她说："妈妈，这个周末是我生日，能陪我一起去动物园吗？"闫妮知道这个要求又无法达到了。于是，闫妮就一把搂过女儿说："宝贝儿，对不起啊，这个周末让爸爸陪你玩好吗？"沅沅一听，满是笑容的脸当时就阴沉了下来："妈妈，我感觉你就像个小蜜蜂，从来也不喜欢回家，整天在外面转！"女儿的话把闫妮逗笑了，她顺着女儿的话说道："宝贝儿，小蜜蜂整天在外可不是玩儿，它是在采蜜，给蜜蜂宝宝吃！"

女儿似乎明白了闫妮的话，虽然有些不甘心，却没有再纠缠着闫妮不放。沅沅生日的前两天，在大连拍戏的闫妮专门去邮局买了张漂亮的贺卡，她在上面风趣地写道："蜂宝宝，妈妈在外面采蜜，希望蜂宝宝在蜂爸爸的陪伴下，一样能够开心快乐！"

一个多月后，等她回到家里时，她发现自己梳妆台的抽屉里多了一张贺卡。贺卡是简单的四角形，用硬图画纸折叠的，喜欢画画的女儿，在贺卡的正面用颜料笔画了一个小房子，旁边是一些小花小草，房前的小路上，三个小人在牵着手散步。闫妮打开贺卡后，一串歪歪扭扭的字让闫妮泪水满面："蜂妈妈，不用担心，小蜜蜂在家不怕孤独！"

激动过后，闫妮敏锐地意识到，这是自己与女儿一次多么良好的心灵沟通啊，从这张贺卡背后，闫妮看到了女儿那颗懂事的心、痛妈妈的爱心，更看到了以后可以让母女良好沟通的桥梁。

此后，闫妮每次出去拍戏的时候，都不忘定期给沅沅寄张贺卡，虽然仅仅是些鼓励之类的话，却让女儿幼小的心灵很受用，感受到妈妈的爱后，女儿也会用心给闫妮回赠个贺卡放到梳妆台里。与闫妮单纯的表达方式不同，沅沅还学会了通过制作贺卡表达自己的心意，加强了人与人沟通的技巧，使得贺卡每次都不乏新意。

　　闫妮说自己应该是一个比较溺爱孩子的妈妈。她说她对自己大大咧咧的，可对女儿的需要却明察秋毫，女儿的铅笔都要她亲自准备而且削好，并把老师要求的每件事都当圣旨一样对待。她很得意地说："孩子老师老表扬我。"更有甚者，身为明星大腕儿的她居然会陪着女儿一起举着大牌子去追女儿喜欢的明星……

　　闫妮把心思都放在孩子身上，时刻关心着女儿的成长，没想到这些都被女儿一招一式地学了下来。每次出去玩，这个 8 岁的小女孩总会跑前跑后地照顾妈妈，一会儿问妈妈渴不渴，一会儿问妈妈累不累，看妈妈皱眉头就问是不是哪里难受了。一次去逛公园，他们一行人打算划船，排了很久的队好不容易要上船了，闫妮突然感觉不舒服，想去卫生间。家人说先上船，然后靠岸再去，免得再排队等候。女儿不干了，当即说："不行，我妈妈难受，我妈妈先上卫生间！"最终，一帮大人还是没拗过一个孩子。闫妮欣慰地说："女儿可心疼我呢。"

　　平时在家，女儿最乐意做的事情是给妈妈洗衣服，洗不动大件的就抢着洗小件的。出于关心妈妈，女儿爱对闫妮说一句话："妈妈你就假装病了。"孩子那么小就知道体贴妈妈，让闫妮很感欣慰。所以，在女儿面前，她有时是一个关怀备至、絮絮叨叨的母亲，有时又像个任性、撒娇、懦弱的小朋友，心甘情愿地接受来自另一个小朋友的关心。

　　2007 年 1 月，刚好是初春，沉沉很想让妈妈带自己去剧组玩玩，想看看妈妈到底如何拍戏。此时，闫妮正在拍摄《炊事班的故事 3》，外面依然还很冷，但闫妮有时却要穿着很薄的衣服上戏。站在镜头前，往往一场戏下来整个人都冻得直哆嗦。

　　在剧组待了半个多月，沉沉亲眼看到了妈妈拍戏的辛苦。有时早晨起来看妈妈还赖在床上，沉沉就把妈妈经常在家喝的蜂胶掺几勺蜂蜜调兑冲好，端到闫妮的床头，等妈妈起来的时候，水温也降下来了，喝着正合适。

　　3 月 10 日，又到了闫妮的生日。这次沉沉给妈妈的贺卡中，多了密密麻麻的话：妈妈，你拍戏原来是那么的辛苦，我以后会乖乖的不给你分神……妈妈，你要多注意身体！看着女儿能够理解自己，闫妮的心里是又酸又甜，有说不出的高兴。

 ## 收藏教育启示

在工作压力日益增大的今天，其实生活中谁都有两难的时候，当身为父母的身份与工作或其他身份相冲突时，在当今社会的生存压力下，取舍确实很困难。但只要认真去想，开动智慧的头脑，就总有方法可以不用艰难地去取舍，而做到双赢。就像闫妮的贺卡传情，让母亲与演员这两种身份都修炼圆满，更让生活不留遗憾。

闫妮本是一个生活特别"糊涂"的人，生活中非常随意，甚至缺少自己的原则，可是当女儿的存在，她表现出的是一位优秀母亲的智慧、细心和谨慎。闫妮曾经说过，她的人生目标就是：让自己感觉到自己生活得很快乐。而她人生的座右铭则是：要对生活有感激心。她同样把这两点很好地融入到了对女儿的教育当中，只有懂得爱的人才会感觉到生活的快乐，只有心灵洋溢着爱的人才会对生活有感激之心。一个心灵完整的孩子，一个在成长的过程中没有心灵阴影的孩子，的确更容易感知到幸福。这些闫妮都以自己独特的方式传递给了女儿，让女儿在成长的道路上逐渐懂事、关心他人、充满爱心……人们都说，做了妈妈的女人会有很大的改变，这也许不能说是一个孩子改变了一个女人，而应该说对孩子的家庭教育会激发母亲的智慧、爱心和责任，会让一个女人由平凡而变得伟大。所以，才有了"一个女人只有当过妈妈才算完整"之说。

🔲 分享教子妙招

第一，采用多种方式与孩子进行交流。父母要想与孩子深入交流，做孩子的朋友，首先必须要了解孩子，了解孩子心里在想什么。孩子的心理虽然不是深不可测，但很多家长常常也是琢磨不透，所以在交流过程中也会出现沟通障碍。因此，家长应该跟闫妮一样，善于开发多种交流渠道，比如，可以设一个"亲情簿"。与孩子之间出现问题时，我们可以靠它来解决问题。当父母揣摩不透孩子的心理时而孩子又不愿意说出来时，"亲情簿"便成了父母与孩子之间的沟通桥梁。家长可以把自己不明白的事情写在"亲情簿"上，同时也鼓励孩子用书写来回答。这样，父母、孩子的心理、想法都白纸黑字地呈现在"亲情簿"上，那父母与孩子之间便可以有效地沟通，进而继续成为好朋友。

第二，尊重孩子的独立意识。随着孩子逐渐长大，他们的自主意识也会随之增强。当父母喂他吃饭时，他说"我自己吃"，当父母帮他穿衣时，他说"我自己穿"，可能他会弄得满身是饭，可能他会把衣服穿得一团糟，但我们不要打击他的兴致，要尊重和培养孩子的独立意识，要信任他、鼓励他，给他学习的机会，否则孩子将永远不会"长大"。父母尽早放手，孩子才能尽快长大。

五、儿童文学作家杨红樱的成长之路
——很庆幸自己有个"很贪玩"的爸爸

·◆》》 点击经典实例

杨红樱，著名的儿童文学作家。2000 年以《女生日记》拉开"杨红樱校园小说系列"序幕，与其后的《男生日记》、《五·三班的坏小子》、《漂亮老师和坏小子》、《淘气包马小跳》一起，在学生、老师和家长中引起巨大反响。之所以能成为一名畅销书的知名作家，杨红樱把它归功于小时候"陪爸爸玩"，正是自己有个"很贪玩"的爸爸，并且"很贪玩"的爸爸很喜欢带着女儿一起玩，所以才造就了杨红樱在儿童文学创作上的巨大成就。

杨红樱的爸爸是教育界的一个普通职工，但平凡的生活中杨爸爸总是积极乐观地面对生活，平淡中发掘生活的乐趣。对于孩子的家庭教育，杨爸爸也是如此，快乐是他教育孩子的第一法则。杨红樱说，现在成都有一种说法，叫"现代田园城市"，"我爸爸就有田园居士的风范，非常闲淡。成都人的淡定、对生活有品位，在爸爸身上体现得非常充分。""我们每天的生活都很平淡，但是有情趣。"爸爸这种享受生活的生活方式也为杨红樱的人生打下了明亮多彩的底色。

正如杨红樱在她写的书中描写的马小跳的爸爸一样，贪玩、热爱生活等特点也是自己爸爸的真实写照。每当桃花盛开的时候，爸爸总会兴冲冲地带着孩子去看桃花，让孩子学会欣赏大自然的壮美；每当瓜果成熟的时候，爸爸也总会带上孩子去果园采摘，让孩子们知道瓜果是怎么长出来的。

　　与现在的很多孩子相比，因为有个爱玩的爸爸，杨红樱的童年充满了幸福和快乐。每个周末爸爸都会带她出去，父女一起在大自然中随心地玩耍。杨爸爸喜欢体育运动，他希望把这个有益身体健康的爱好传递给女儿。所以，杨红樱童年时期的很多夜晚是在剧场度过的，爸爸总是拉着她去剧场看样板戏；不过，往往是看到一半，杨红樱就睡着了，但这丝毫不影响爸爸下次仍然带她去的热情。

　　爸爸没有给杨红樱任何的要求，也没对她有多高的期待，只是一心一意和孩子一起玩。然而，这种最惬意、最痛快、最随性的玩乐给了孩子发展自我天性的最好环境。对于杨红樱而言，在享受爸爸带给她的生活乐趣的同时，她也在收获着最丰富的生活经历和写作资源。后来成为作家后，杨红樱说："写作最基础的就是热爱生活。有热爱才会有感动，写作激情才会表达出来。爸爸没有指导我写作，但是教我学会感动。我对大自然非常敏感。"

　　杨红樱还记得1968年的那个夏天，当爸爸带她在成都人民公园碧波荡漾的人工湖里划船时，也许爸爸不会知道女儿单纯的心灵能感受到露珠在荷叶上滚动的声音；当爸爸兴致勃勃骑着自行车驮儿载女赶30里路去郊外采摘时，也一定不会预料，沿途那色彩鲜艳大片大片的花朵，在女儿心中留下了怎样明媚的底色；当他从剧场看完样板戏出来，怀抱早已酣睡的女儿，更不会想到，有一天她会成长为超级畅销书的知名作家。

　　孩提时的快乐生活，让杨红樱见多识广，对很多自然事物和生活知识了如指掌，并拥有异常丰富的感受，因此，写出的作文在班里总是独一无二的。

　　也许是因为小时候根深蒂固的影响，成都的背景和童年的经历若隐若现地总出现在杨红樱的作品中。很多小读者看了杨红樱的书，循着故事中的描写跑到成都去找"马小跳"。杨红樱不止一次地回答过"为什么写儿童文学"的问题。她说："作家跟生活是离不开的，我当过老师，最熟悉孩子，我只能写儿童文学；成都是生我养我的地方，我的童年在那里度过，留下不可磨灭的印象，自然而然会带进作品。小说中的环境描写不是凭空造出，是有实实在在的生活气息和生活底蕴。

所以说，童年带给你的记忆，永远留在你的人生里。"

杨红樱的许多童年的记忆都是爱玩的爸爸带给她的，所以她说"很庆幸自己有个'很贪玩'的爸爸"。

 收藏教育启示

> 有人说一切的教育本质上都是对自然的修正和对野性的改造，所以必然带有强制性，也注定它的艰苦性，因此对孩子来说必然是有压力的，我们家庭教育的艺术就在于如何把压力变为动力，把艰苦变为快乐。这份快乐不仅仅有益于教育本身的开展，更会对孩子以后的人生产生重要的影响。人生是一个漫长的过程，而儿童阶段是一个孩子成长身体、性格养成和世界观、价值观初步形成的重要阶段。在这一阶段，健康结实的身体、阳光积极的心态、美好向上的情感远比孩子掌握多少大而无当的知识、华而不实的技能重要得多，而前者的养成最重要的"土壤"是孩子要体会到成长、学习的快乐。
>
> 著名教育家斯宾塞说过："我认为：教育应当是快乐的，当一个孩子处于不快乐的情绪中时，他的智力和潜能就会大大降低。训斥和指责不能带来好的结果。我认为教育的目的是让孩子成为一个快乐的人，教育的手段和方法也应该是快乐的。就像一根细小的芦管，你从这头输进去的如果是苦涩的汁，在另一端流出的也绝不是甘甜的蜜汁。"因此，快乐是孩子天然的权利，童年的快乐是一生快乐的源头，把快乐还给孩子，是现代家庭教育的义务和责任，绝不是家长对孩子的恩惠和施舍。

分享教子妙招

第一，陪孩子一起玩耍。要跟孩子搭起友谊的桥梁，就是和他一块做他喜欢做的事。一方面可借机了解孩子，另一方面，可帮助孩子在父母身上建立安全感及认同感，让他知道，你和他是同一伙的。还有最重要的是，这是亲子之间的甜蜜相处时刻，千万不要因忙碌的工作而忽略和孩子一同欢乐的时光。孩子一生中只有一次成长，倘若不好好把握，时光是不会倒转的。所以，有时间多陪孩子一起玩耍，及时抓住那属于孩子和父母的共同的快乐，不要给孩子和自己留下遗憾。

第二，为孩子创造一个快乐的家庭氛围。把快乐还给孩子，首先要营造快乐的家庭教育氛围。家庭是孩子生活成长的港湾，是一个孩子可以随意表达自己感受的地方。家庭教育跟学校教育还有所不同，家庭教育的重要职责是培养孩子正确的世界观和价值观，重要的是教会孩子正确认识问题、解决问题的方法。所以，家庭教育首先要把孩子培养成一个身心健康的人，一个对自我和社会都有正确认识并对社会有所贡献的人，而不是一味地让孩子上形形色色的培训班，扼杀了孩子快乐的权利。营造快乐的家教氛围，身教胜过言传，一个快乐的家庭氛围的潜移默化作用会贯穿孩子的一生。

六、"天地英雄"姜文的独特教子方式
——陪孩子一起撒野

姜文几乎是中国电影史上最具话题的人物，他既是成绩斐然的出色演员，也是同辈中最为卓越的导演。作为演员，姜文天赋过人，不到 22 岁就获得了百花奖最佳男主角奖，他在中国当今影坛的地位毋庸置疑。作为导演的姜文也已经堪称殿堂级的人物，虽然至今姜文只有四部导演作品问世，但他所达到的创作高度在同辈的电影人中已是凤毛麟角，因此，"导演姜文"的影响力已经远远超过了"演员姜文"。有人说姜文就是一个"怪才"，其实姜文独特的智慧不仅仅在电影方面，在对孩子的教育上，他的方式也与众不同。

姜文跟妻子周韵有两个儿子，很多家长对待儿子都跟宝贝似的，可姜文对两个孩子却非常不满意。因为父亲是军人，姜文在部队大院长大，从小接触的都是军人严酷的训练，父亲也时常以军人的作风来教育姜文，现在的姜文觉得这种成长经历对于自己刚毅的性格形成非常有好处。可看看自己的儿子，在家被长辈宠溺，还有专职保姆伺候，衣来伸手饭来张口，个子越高脾气越大，在家摔跟头后的第一反应不是自个儿爬起来，而是扯开嗓门号啕，非得等人把他们扶起来，然后用手拼命打地为他们报仇才满意地停止号哭。

两个儿子一天天长大，在自家地盘上虽然生龙活虎，一旦出了门马上变成怯生生的小白兔，大气不敢喘。面对困难时，在他们身上也看不见"小男子汉"的气概。这样下去怎么得了？姜文决定必须找个艰苦的环境，好好地对两个儿子展开军事化的吃苦主义教育，磨砺一下两个小家伙的身心。

如果在北京肯定是不行的，光是孩子的爷爷奶奶的干扰就不会达到真正的军事化，他们绝对不会让孙子吃苦受罪的。必须得去外地，越远越好。而且最好撇下老婆周韵，因为她虽然温柔，但护儿子也护得厉害。姜文计划的人数只有三个——他和两个儿子。经过深思熟虑，姜文最终看中了新疆阿克苏。

姜文联系了几个新疆好友，让他们帮忙找房子，要求很明确：市中心的精装豪宅一律不考虑，要城郊的普通民居，不漏风不漏水，能做饭能洗澡能睡觉即可。等到了阿克苏的"新家"，陪同来的妻子周韵急了，这房子太简陋了——无论是庭院还是屋内，都是土坯地面，墙壁光秃秃地裸露着，老旧的木头家具，仅有的电器是一个太阳能热水器和一台电视机。

姜文没有给周韵去市区买新家具的机会，第二天就把她送上了从阿克苏飞往乌鲁木齐的飞机，让她自己转机回北京。只有妻子不在场，自己的计划才能顺利实施。现在就剩他们父子仨，任何事情都是姜文说了算！

第三天，两个孩子的苦日子正式开始……

早上 6 点半，他们就被姜文从热乎乎的被窝里拖了出来，三两下套上防寒运动衣，半梦半醒地被呵斥着开始了锻炼。虽然号称"塞上江南"，但阿克苏的昼夜温差很大，两个儿子出门就打哆嗦，本能地想往暖和的房间里钻。但姜文不给他们机会，一手拉一个，几步就拖出了庭院，告诉他们："跟着我跑，跑不动了走也行，转完这一圈才能回家。"这一圈大概 1000 米，两兄弟只跑了不到 200 米，剩下的 800 米都是喘着气走下来的。

好不容易回了家，姜文端起在炉子上温着的羊奶给他们一人倒了一碗。到阿克苏的第一天，姜文就给他们喝过羊奶，那时，两个儿子只喝了一口就吐了，说受不了那古怪的味道。这才隔了两天，羊奶一到手，两个小家伙便仰着脖子喝了个底朝天。

除了日常的身体训练，姜文对两个儿子的饮食结构也做了很大调整，精心烹饪的儿童餐没了，取而代之的是当地民族餐食：菜品以手抓羊肉和大块牛肉为主，主食不是糙米饭就是馕，配餐的青菜既非白灼也非上汤，无公害的蔬菜洗干净后直接生吃，佐餐的饮料是新鲜牛奶。除了正餐外，不提供巧克力饼干果冻之类的零食，但新鲜水果24小时敞开供应。

家里没有了钟点工，一切家务都要自己解决，两个儿子在姜文的指挥下担任起了保洁员。收拾床铺也包干到人。姜文以身作则地示范了几次后，两个儿子就学会了叠被子，虽然做不到横平竖直像豆腐块，但比起在家里只管睡觉不管被子，已经算是有了很大的进步。平时洗衣服当然不用洗衣机，因为家里根本就没有。换下的脏衣服扔在大盆里，阳光灿烂的时候把盆端到庭院，跟两个儿子围坐在盆边上，父子仨一起动手洗衣服。

姜文很少让儿子无所事事地待在屋里，只要天气不恶劣，他经常带他们出去转悠。三个人就这么信步乱逛，不走到两个儿子气喘吁吁大汗淋漓就不停下。说是转悠，其实就是拉练。小孩子的潜力是无穷的，从最初的走不上几百米就叫苦叫累，到一个月后，两个儿子一左一右牵着姜文的手，一口气走上3000米，粗气都不喘。每天坚持锻炼，加上原生态的饮食结构，两个儿子的身体就这样一天天结实起来。两个儿子的身体变得结实以后，姜文开车带着他们抵达下一个目的地——塔克拉玛干沙漠。第一次见到沙漠，两个孩子起先还欢天喜地，但没过几分钟便吃不消了。在沙地上奔跑需要的体力是正常路面上的好几倍，每一步都觉得脚往沙里陷，拔脚时又很吃力，这样对体能的消耗很大。等他们累得快瘫软时，姜文便一手抱一个把他们带上车回家。接下来的日子，两个儿子就像两颗充电电池，在家积蓄满了能量后就去沙漠放电，电量耗尽后再回家吃饭休息充电。与充电电池不同的是，电池越充储电量越少，两个儿子越折腾能量却越大。每天去两次塔克拉玛干沙漠，几个月后，哥儿俩就可以在沙漠里连续摸爬滚打半个多小时了。

在北京的周韵心里一直牵挂孩子，便前去探望，见到儿子时，眼泪都快掉下来了。两个儿子都晒成了巧克力色，皮肤粗糙了，脸蛋上还多了两坨高原红。可是，看到儿子强壮的身体，目睹了他们超越同龄人的自理能力，周韵没话说了——天要下雨爹要教子，由姜文去吧。

自从姜文去了新疆后，朋友打他的手机，传来的永远是"您拨打的用户不在服务区"的语音提示。得知他在新疆闭门教子，有好奇的朋友想来凑热闹。姜文统统婉言谢绝，说目前还不到时候，等他觉得时机成熟了，会安排一次活动，邀请大家一起参加。

等在新疆待了大半年后，两个孩子从"豆芽菜"变成了"红豆杉"，姜文打电话邀请了十几位亲友，亲友团在阿克苏租了六辆越野车，在两个专业向导的指引下，来了一场浩浩荡荡的阿尔金山无人区穿越之旅。

亲友们大赞不虚此行，无论是阿其克库勒湖还是阿牙克库木湖，或者世界海拔最高的沙子泉，以及库木库里沙漠，都无与伦比的壮观和美丽。与车队近在咫尺的藏羚羊、藏野驴、沙漠蜥蜴、荒原狼也让人叹为观止。但最让大家惊叹的是，当一群成年人都因为高原反应气喘吁吁、头疼如裂、食不下咽、连续失眠时，姜文的两个儿子却精力充沛，拎着小弓箭追着野兔射，过滤后依然透出一股怪味的山泉水端起来眉头都不皱地一饮而尽……这哪里像是家境优越的明星孩子，完全就是两个扔在哪里都能放心，交给谁照顾都不用担心的"野孩子"。

起先还对姜文带着孩子奔赴新疆颇有微词的亲友们全都没话说了——加起来才10岁的两个小孩，比这帮大人还坚强，事实胜于雄辩，这怪招儿的确管用。

但姜文说这才是第一步，他的计划是每年抽一段时间带着孩子去那些最偏僻、最艰苦的地方折腾。他说，如今的小孩，最缺乏的食物不是营养品，而是苦头。多吃苦是有百利而无一害的，既锻炼了身体，又增强了能力。少时吃苦不算苦，算财富！

姜文说他不久前看了《乔布斯传》，乔布斯表示之所以愿意出这本书，是为了让他的孩子知道这些年来他在做什么。虽然说法很温情，但姜文说自己不会这么做。为什么要在没有机会后通过一本生硬的书去告诉孩子自己在做什么？他要趁着现在有时间有精力有想法，用行动告诉孩子——爸爸就在身边陪你们撒野！

 收藏教育启示

> 古人云，"吃得苦中苦，方为人上人"、"自古英雄多磨难，从来纨绔少伟男"等，这些话都是古人用来教育孩子的，不过放在现在的家庭教育中，这些话同样必不可少。现在大多数独生子女因为"温室效应"，依赖思想严重，意志薄弱，遇到一件小事便畏首畏尾。因此，对孩子进行适当的"吃苦教育"不仅可行，而且十分必要，像姜文那样的、任何有益孩子身心健康的"吃苦教育"方式都值得积极探索。不过，这种"苦"要在孩子的合理承受范围之内，这种教育也要适可而止，达到教育目的即可，千万不能走向极端。一些不合要求的体罚，使孩子身体、心理都不堪重负的教育方式，一定不能尝试。孩子的人生，不可能是一帆风顺的，只有让他们从小经受一些挫折教育、失败教育、吃苦教育，他们的身心才足够坚强，他们的心灵才会有足够的承受能力，来接受社会的各种挑战。也只有这样，他们才能担当得起更大的责任，成为一个能够战胜生活中各种困难的人。

分享教子妙招

父母可以通过以下的方式，让孩子尝点"苦"头：

第一，用名人的故事激励孩子。经常给孩子讲前人、名人或者自己艰苦奋斗和节约的故事，用榜样的力量激励孩子，让孩子树立以艰苦奋斗为荣的思想，从而勇于面对各种艰苦磨难。

第二，让孩子吃苦应该融入日常生活。对孩子不要太溺爱，让他吃点苦，受点折腾。无论在生活上还是学习上，给孩子安排一定的自理任务，孩子能做的，父母绝不要包办代替。尤其是在日常生活的花费上，要提倡勤俭节约，反对挥霍浪费。父母以身作则，做出榜样，让孩子受到熏陶感染。在孩子吃的、用的、穿的方面，标准是保证孩子健康成长的需要，但不可大手大脚。有的父母跟着电视广告走，在孩子吃的、用的、穿的方面追求名牌、高档次，这样做不但不利于培养孩子的艰苦奋斗思想，还会让孩子养成攀比的不良习惯。

第三，注意对孩子进行劳动教育，让孩子做些力所能及的家务劳动。在农村的孩子一定要让他们参加力所能及的体力劳动，以养成他们的劳动习惯。在城市的孩子也可以让他们帮助父母做一些家务，或者让他们到农家去帮忙，体会体力劳动的艰辛。

七、陈毅元帅的教子方法
——用诗歌与孩子沟通

·**⟫⟫** **点击经典实例**

　　陈毅元帅在中国人民的心目中是功勋盖世、才华横溢而又襟怀坦荡、幽默风趣的人物。有关他在战场上、治理国家以及生活中的很多事情都成为人们争相传诵的佳话，其实，在陈毅对孩子的家庭教育中也有很多有趣的事情，这些趣事都是陈毅在教育孩子方面的智慧的体现，值得所有的父母学习和借鉴。

　　陈毅出生于"耕读之家"，他的父亲陈昌礼是同门兄弟中读书最多的，且诗词歌赋、琴棋书画皆胜人一筹。在父亲的影响下，陈毅也有相当深厚的国学基础，并且在诗词领域创作了许多经典的作品！也许是对诗词的独特爱好，陈毅能在夫妇之间、父子之间建立起一种与众不同的特殊交流方式——"诗沟通"。

　　陈毅的生活非常忙碌，但一旦有暇和子女沟通，他和子女谈论得最多的便是古今诗词，或问子女对自己新作的感受，或以诗词中的微言大义对子女进行谆谆教诲。1960 年 12 月，陈毅的《冬夜杂咏》写成了，诗中以吟青松、红梅、秋菊、幽兰等来歌颂革命者的气质，抒发革命者的胸怀。诗歌写成后，他把孩子们召集在一起，吟给他们听，并问大儿子昊苏："你听懂了吗？"昊苏回答："懂了。"陈毅满意地说："那就要学青松、红梅那样去生活、去战斗。"孩子们连连点头，表示要牢记父亲的教诲。

　　1961 年夏天，次子陈丹淮高中毕业，考入哈尔滨军事工程学院。在送别儿子时，陈毅曾写下著名的《示丹淮，并告昊苏、小鲁、小姗》一诗，赠送给孩子们。诗前有序："1961 年 7 月，小丹远行就学，余适因公南行，匆匆言别，不及细谈。写诗送行，情见于辞，不尽依依。望牢牢谨记，并告诸儿女。"诗中写道："深夜拂纸笔，灯下细沉吟。再写几行诗，略表父子情……汝要学马列，政治多用功。汝要学技术，专业应精通。身体要健康，品德重谦恭。工作与学习，善始而善终。"

　　在父亲的教育和影响下，孩子们也时常写一些简单的诗歌，以此来跟父亲进行沟通交流。1949 年仲春，大儿子陈昊苏和弟弟们自东北抵达新解放的山东济南市，而陈毅此刻刚率部打过长江，准备进攻上海。听到父亲新近的消息，已是小学二年级学生的陈昊苏随即给父亲写了一封信，在信的末尾，把他和弟弟创作的一首"诗歌"抄给了父亲：

　　"嘻嘻哈哈笑呵呵，快快活活扭秧歌。妈妈身体很健康，爸爸前方打胜仗。打垮敌人反动派，一家大小团圆过，你说快活不快活？"

　　一般的家庭总是"父严母慈"，但陈毅的家庭却留给人们"母严父慈"的印象。陈毅夫人张茜性子比较急，要求孩子也比较严。有一年，陈毅夫妇去广东潮汕地区休息，因时值寒假而带上了小儿子陈晓鲁。在一番游历之后，母亲张茜提议晓鲁写一篇游览观后感式的作文，这对孩子的观察能力和写作能力都是锻炼。可陈晓鲁对这附加的功课死活都不愿接受。孩子的执拗让张茜非常生气。此时，外柔内刚的陈毅劝妻子说："慢慢讲，不要着急喽，他还是孩子嘛！"听丈夫如此说，张茜的火气一下子转移到丈夫身上："都是你，平日宠他，现在他一句都不肯听了！"陈毅有些悻悻然："好了，好了，我不管了！真是莫名其妙！"父母的争执使陈晓鲁深受触动，虽然父母对自己的态度不同，但他知道其中包含的都是父母浓浓的爱意。于是，陈晓鲁通宵奋笔，赶出了一篇作文。他的发奋之作写得非常精彩，陈毅和妻子看后，流露出了欣慰的神情。

收藏教育启示

　　与孩子有效沟通是家庭教育能否达到预期效果的重要保证，并且有效的沟通能让父母在孩子成长过程中与孩子分享点点滴滴的快乐，成为孩子无话不谈的朋友。遗憾的是，很多父母在与孩子的沟通上面出现了问题。大部分父母只在晚上回家后才能与孩子相处，有些父母连晚上都无法与孩子相处。因此，怎样在有限的相处时间内，跟孩子谈谈话，给孩子正确的教育，就需要父母们有良好的沟通技巧。

　　其实，跟孩子沟通的方法有很多，每一个家庭如何选择适合自己的沟通模式，需要父母根据自己家庭的情况来决定。亲子沟通的方式必定是"选择适合自己和孩子"的，不同的家庭背景、不同的父母、不同的孩子和不同的家庭文化，都会影响父母和孩子的沟通模式和方法的形成。适合父母和自己孩子沟通的形式就是最好的方式，比如，陈毅元帅便是通过诗歌与孩子进行沟通交流的。因此，我们不要简单照搬其他家庭的亲子沟通模式。只要是能够让父母和孩子进行快乐的交流，任何方式都可以尝试。

分享教子妙招

　　虽然每个家长都可以有自己不同的沟通方法，但沟通还是应该坚持一些原则，这些原则是不同的沟通方式都能取得良好效果的保证：

　　第一，平等与尊重为前提。心理学研究证明：在与孩子的沟通交流中，孩子与父母平等的交流和争辩，不仅是互爱的一种体现，而且能够帮助孩子树立信心，明辨是非，丰富想象力和创造力。但是，现实中许多家长却觉得辛辛苦苦赚钱养孩子，孩子就应该听自己的，必须服从自己，不能容忍孩子有自己的观点或申辩一下，否则就对孩子大声训斥。家长的这种"独裁"对孩子人格的影响是灾难性的——孩子要么唯唯诺诺，要么逃离冲突，要么反抗意识强。这种"独裁"直接阻碍了跟孩子之间的沟通，"独裁"所带来的"不平等"会让孩子拒父母于千里之外。同时，在与孩子的沟通中，还应该做到尊重孩子。尊重也是相互的，我们只有尊重了孩子的观点和想法，孩子才有可能尊重和接受我们的观点。

第二，平和与严厉相结合。平和是在孩子对自己的错误有了认识之后，要以平静、温和的态度对孩子进行肯定性评价，指出其今后应当怎样做。而严厉主要体现在表情和态度的严肃，其目的是让孩子感到自己错误的严重性和需要改正错误的必要性，严厉不应是敌视的态度，而是一种负责的态度。在和孩子沟通时，父母要做到严厉与平和的平衡，尤其是在孩子做了错事时，父母应该沉得住气，此刻，不仅需要严厉，更需要平和与耐心。否则，会造成亲子间的冲突，使教育过程陷入尴尬境地。

八、童话大师安徒生的成长经历
——童年记忆成为创作源泉

┄━━▶▶▶ 点击经典实例

　　汉斯·克里斯蒂安·安徒生（1805~1875）丹麦作家，诗人，他写的童话故事世界闻名。他创作出的童话故事如《海的女儿》、《丑小鸭》、《卖火柴的小女孩》等不仅受到全世界儿童的热烈喜爱，而且对许多成年人同样具有巨大魅力。

　　安徒生出生于欧登塞城一个贫苦的鞋匠家庭，童年生活贫苦。父亲是一名鞋匠，但受过良好的教育。母亲是一名洗衣妇，虽然没受过教育并且迷信，但她口中的许多民间传说的精彩故事却开启了安徒生丰富的想象力。安徒生的父亲以修鞋为生，干活虽然很累，但他并没有忽略自己孩子的成长教育。他常常在干完活后，领着安徒生去散步，一边走在小路上，一边给他讲欧登王城堡的故事，讲自己小时候吃的苦头，讲那些穷苦人的故事。小安徒生总是仰着脖子睁大眼睛，专注地听父亲那些或者有趣或者凄惨的故事，并为他们高兴或难过。他所听到的一切都带着鲜明的神奇色彩，仿佛真的一样重现在眼前。有时他会被树林中自己想象出来的精灵吓得飞奔回家，魂不附体。多年以后，这些古老的传说和童年的幻想，都成为他创作的源泉。

　　父亲深深明白穷苦的家庭不能给儿子提供什么好的玩具，看着小安徒生天真渴求的眼睛，他常常感到很内疚。有一天，他在做活时剩下了一块木头，顿时想到——可以给孩子做些小玩意儿啊！他找来工具，又刨又砍又削，然后尽力地精雕细琢一番，花了好一番功夫，几个虽然粗糙却有趣的木偶就这样"问世"了！小安徒生看了，激动得手舞足蹈。父亲对他说："还可以把他们弄得更有趣一些啊！你去跟妈妈要点她用不着的零碎布片来，咱们给这些木偶缝制几件衣服穿，好不好？"

小安徒生听了，拍手叫道："好啊好啊！我这就去！"他兴冲冲地跑到妈妈那儿去，在妈妈的帮助下，笨手笨脚地给小木偶们各自缝了一套衣服，并且细心地替他们穿好。父亲又对他说："你看看，他们像不像几个演员？咱们玩'演戏'的游戏怎么样？"他找来一张桌子当作舞台，找来妈妈的头巾当幕布，还找来一本名叫《荷尔堡》的戏剧故事书做剧本，就这样，父子两人兴高采烈地演起戏来。他们头碰头地背台词，争执着该用什么样的表情和动作，简直把自己当作了专业演员一样。爸爸滑稽的动作把小安徒生逗笑得东倒西歪，根本演不下去了！妈妈这时也情不自禁放下手里的活，来当他们的观众。隔壁的邻居们也被吸引来了，都笑这爷俩真是疯了！

从此以后，安徒生就迷上了故事，迷上了演戏。那些虚构的人物和情节对他来说，就像挪威古老而神秘的森林一样吸引着他。为了演好戏，为了了解更多的故事，他疯狂地喜爱看书。《一千零一夜》、《希腊神话》等书籍他都爱不释手，他甚至能整段背诵《李尔王》，这些都对他以后的童话创作产生了很大的影响。

从自己的童年体验中，安徒生深深理解穷苦孩子生活的寂寞和痛苦。他认为，在诗歌的领域中，没有哪一样能像童话那样无限包容。童话，会给孩子们一点快乐、希望和教益吧？他开始用一切感情和思想来创作。1835年，安徒生的第一本童话集问世，其中收入《打火匣》、《小克劳斯和大克劳斯》、《豌豆上的公主》、《小意达的花儿》四篇童话。这些童话来自安徒生自己的人生经历，这些人生经历就像种子一样藏在安徒生的思想中，一股涓涓细流、一束阳光，或一滴苦酒，就能使它们破土而出。从这一年起，每一个圣诞节安徒生都有一本新童话出版。他整整写了43年，直到生命结束共创作了168篇作品，那诗一般的语言、宛转曲折的情节、奇妙有趣的想象，使他的童话在他生前就已成为世界上拥有读者最多的读物。

收藏教育启示

　　童年是每个人的人生中最短暂、最单纯、最美好的时段，无论时光如何流逝，人们心底总保存着童年的美好回忆。每一个人都有属于自己特有的童年经历和珍贵记忆，而这些都与父母有着密切的关系。一个孩子在童年中关系最为密切的人便是父母，父母与孩子之间的血缘关系和亲缘关系的天然性和密切性，使父母的喜怒哀乐对孩子有强烈的感染作用。孩子对父母的言行举止往往能心领神会，以情通情。在处理发生在周围身边的人与事的关系和问题时，孩子对家长所持的态度很容易引起共鸣。在家长高兴时，孩子也会感到快乐，在家长表现出烦躁不安和闷闷不乐时，孩子的情绪也容易受影响，即使是幼儿也是如此。如果父母亲缺乏理智而感情用事，脾气暴躁，都会对孩子产生不好的影响。家长在处理一些突发事件时，表现出惊恐不安、措手不及，对子女的影响也不好；如果家长处惊不变、沉稳坚定，也会使子女遇事沉着冷静，这样对孩子心理品质的培养起到积极的作用。有资料表明，有幸福童年的孩子，成年后能幸福生活的比有不幸童年的孩子要多得多。安徒生的成长故事告诉我们，一个人的童年记忆不仅仅会影响孩提时的成长，也会对以后的人生发展产生重要的作用。因此，在陪伴孩子成长的过程中，父母的职责不仅仅是给孩子优秀的家庭教育，还要给孩子提供一个快乐幸福的成长氛围，给孩子留下一份幸福珍贵的童年记忆。

⊞ 分享教子妙招

第一，多给孩子自由的时间。在孩子的童年时期，家长如果对孩子限制过多，就会压制孩子天真烂漫的童心，对孩子的心理健康产生副作用。家长应该放手让孩子有更多的时间追寻自己的快乐，除了学习时间外，让孩子有自己支配的时间和空间。比如，当看到孩子和一群孩子嬉戏、游玩时，家长不要因为要让孩子学习功课而制止。尤其是在独生子女的时代，很多孩子缺少与人交流相处的机会，造成很多孩子都喜欢以自我为中心，不善于与人相处。因此，家长不但不制止，还要抽出时间带孩子参加一些社交活动，多让孩子出门交友。孩子能从社交中结识更多的伙伴，扩大自己圈子，学会尊重、谅解、谦让，分享快乐与承担责任。孩子也能在友好而又有趣的活动中感受到集体的温暖，在群体作用中使身心得到健康发展。

第二，多让孩子亲近大自然，并带孩子经常参加野外运动。对孩子来说，大自然充满了神奇的力量，无论是风雪、雷雨，还是花开、叶落，都可以从中发掘到很多快乐。例如，父母可以和孩子们一起游泳、爬山、划船等，使孩子体察和感受自然界千万种奥秘，不仅可以培养孩子无所畏惧、勇于牺牲的冒险精神，还可以锻炼孩子的各项感官能力、观察能力、反应能力。此外，家长还可以带孩子经常参加体育运动，不仅有助于孩子的身体健康，还有助于孩子的心理健康，从而促进亲子关系。